船舶能效国家标准应用指南

李　军　甘少炜
李　路　孙耀刚　等　编著

中国质检出版社
中国标准出版社
北　京

图书在版编目（CIP）数据

船舶能效国家标准应用指南/李军等编著．—北京：中国标准出版社，2014.12

ISBN 978-7-5066-7780-6

Ⅰ.①船… Ⅱ.①李… Ⅲ.①船舶管理—国家标准—中国—指南 Ⅳ.①U692-65

中国版本图书馆CIP数据核字（2014）第273811号

中国质检出版社
中国标准出版社 出版发行

北京市朝阳区和平里西街甲2号（100013）

北京市西城区三里河北街16号（100045）

网址：www.spc.net.cn

总编室：(010) 64275323 发行中心：(010) 51780235

读者服务部：(010) 68523946

中国标准出版社秦皇岛印刷厂印刷

各地新华书店经销

*

开本 787×1092 1/16 印张 10 字数 194 千字

2014年12月第一版 2014年12月第一次印刷

*

定价 58.00 元

编 委 会

前　言

能源是国民经济的基础，在社会可持续发展中起着举足轻重的作用。船舶作为交通运输中载运量比例最大的载运工具，其节能效果的好坏对国民经济的影响很大。为了推动船舶节能减排，国家出台了车船税减免政策，鼓励大家使用节能和新能源船舶，采取相应的节能措施。为配合《中华人民共和国车船税法实施条例》和车船税减免政策的实施，国家标准化管理委员会和工业和信息化部专门组织制定了以下5项支撑该政策执行的相关标准：

——GB/T 30007—2013《船舶和海上技术　通过分析测速试航数据以确定速度和功率性能的评估导则》，主要是等同采用ISO 15016：2002，用于对排水型民用船舶测速试验数据的分析，以确定航速和功率性能，便于计算EEDI值；

——GB/T 30008—2013《节能型船舶能效设计指数基准线值》，主要是根据船型和航区给出符合国家节能要求的船舶能效设计指数（EEDI）基线，以作为衡量船舶是否节能的指标；

——GB/T 30009—2013《船舶能效设计指数计算方法》，主要是针对基准线值标准中涉及的相关船型，参照国际海事组织（IMO）关于EEDI的计算原则和方法，对适用于相关船型的计算方法做出规定，包括计算公式、各种参数的确定等，以确定某一船舶的EEDI设计值；

——GB/T 30010—2013《船舶能效设计指数验证方法》，主要是通过设计阶段的前期验证、试航阶段的最终验证等方式，规定相应的验证程序和验证的计算方法，计算出实船是否能达到设计所要求的EEDI值；

——GB/T 30011—2013《船舶新能源使用比例测定方法　天然气/燃油混合燃料动力船舶》，主要针对天然气（包括压缩天然气、液化天然气等）等新型能源的使用，其在满足船舶所需功率的基础上，使用标准中规定的方法测定相关数据，通过计算得出其使用比例。

这5项国家标准是首次专门针对节约能源船舶和使用新能源船舶制定的标准，是车船税减免政策实施的重要依据，是判定船舶是否属于节能型船舶或使用新能源船舶的准则和方法。为了更好地贯彻实施这5项国家标准，在国家标准化管理委员会和工业和信息化部的组织下，特编写了本书。

本书包括两部分内容：第一部分是国家政策、船舶节能措施、新能源的应用等情况介绍，帮助标准使用者更好地了解相关的政策背景和相应的技术发展情况，为标准的应用实施奠定基础；第二部分是5项标准的解读，帮助读者更好地了解标准内容，减少在标准应用过程中的偏差。

本书在编写过程中得到了国家标准化管理委员会工业一部、工业和信息化部装备工业司、能源基金会（中国）的大力支持，也得到了编写单位中国船舶工业综合技术经济研究院、中国船级社上海规范研究所、中国船级社武汉规范研究所的大力支持，特此致谢！

由于水平有限，书中难免有不妥之处，望读者批评指正。

编著者

2014年10月

目　录

第一篇　国家政策与节能新能源技术 …… 1

第一章　绪论 …… 3

第一节　船舶能效设计指数发展沿革 …… 3

第二节　船舶能源利用系统 …… 5

第二章　国内外对绿色船舶的相关政策 …… 7

第一节　世界主要航运国家对绿色船舶的相关政策 …… 7

第二节　我国对绿色船舶的相关政策 …… 11

第三章　船舶节能措施及新能源应用 …… 20

第一节　概述 …… 20

第二节　船舶节能措施 …… 21

第三节　船舶新能源的应用 …… 28

第二篇　船舶能效国家标准解读 …… 41

第四章　节能型船舶能效设计指数基准线值 …… 43

第一节　绪论 …… 43

第二节　标准适用的船型 …… 45

第三节　相关术语 …… 47

第四节　适用船型的能效基准线值 …… 48

第五章　船舶能效设计指数计算方法 …… 56

第一节　绪论 …… 56

第二节　船舶 EEDI 计算公式 …… 57

第三节　公式中参数的选取 …… 58

第四节　电力负荷表的编制 …… 71

第六章　船舶能效设计指数验证方法 …… 76
第一节　绪论 …… 76
第二节　验证程序 …… 77
第三节　设计阶段的前期验证 …… 78
第四节　试航阶段的最终验证 …… 81
第五节　EEDI 技术案卷示例 …… 85

第七章　船舶速度和功率性能的评估 …… 92
第一节　绪论 …… 92
第二节　术语和缩略语的说明 …… 93
第三节　评估前的数据测量 …… 96
第四节　速度和功率性能分析程序 …… 101
第五节　速度和功率性能评估示例 …… 121
第六节　ISO 15016 修订的最新进展 …… 131

第八章　天然气/燃油动力船舶新能源使用比例测定 …… 138
第一节　绪论 …… 138
第二节　发动机天然气使用比例测试 …… 139
第三节　船舶天然气使用比例计算 …… 143
第四节　计算示例 …… 144

附录　内河主要航区级别划分 …… 147

第一篇

国家政策与节能新能源技术

第一章 绪论

第一节　船舶能效设计指数发展沿革

全球性的极端气候变化对自然生态系统和人类生存环境形成了严重挑战，并受到国际社会的关注。1992年5月联合国政府间谈判委员会就气候变化问题达成《联合国气候变化框架公约》(UNFCCC)，并在当年6月的联合国环境与发展大会上正式通过，成为世界上第一个为全面控制二氧化碳等温室气体排放的国际公约。1997年12月，在日本京都召开的UNFCCC第三次缔约方大会上通过了“京都议定书”，它是UNFCCC的补充条款，要求各缔约方在公平的基础上，根据他们共同但有区别的责任和各自的能力，承诺采取措施减少二氧化碳等6种温室气体的排放量，由发达国家率先采取行动，并确定其减排的目标。发达国家应在资金和技术方面援助发展中国家，发展中国家应自愿承担减排目标。但UNFCCC及其《京都议定书》并未明确航空和航海的减排目标，并且由于这两个领域的国际化特性，UNFCCC邀请国际民航组织(ICAO)和国际海事组织(IMO)分别研究各自领域的温室气体减排问题。

根据IMO发布的第三次温室气体研究报告，2007～2012年间，全球航运年均排放量占全世界二氧化碳(CO_2)排放量的3.1%，国际航行船舶年均所排放CO_2占全世界CO_2排放量的2.6%。仅在2012年，全球航运所产生CO_2排放约9.49亿t，其中国际航行船舶所排放CO_2约7.96亿t，总量大约相当于全世界CO_2排放量的2.2%。根据该报告预测，2020年全球航运业CO_2排放量将在2012年基础上增加1.1倍左右，在2050年时，CO_2排放量将在2012年基础上增加2.3倍左右。

IMO在1997年的《国际防止船舶造成污染公约》(MARPOL公约)缔约国大会上通过了一项与UNFCCC合作的决议，研究船舶CO_2排放问题，并于2004年3月以IMO A.963(23)号决议通过了“IMO关于减少船舶温室气体的政策和实践”，首次确定了控制船舶温室气体排放的政策，并正式提出技术措施、操作措施和市场机制三大控制措施。

IMO在初期对船舶温室气体的减排研究主要集中在船舶营运过程中CO_2排放量限值标准的制定，包括：如何监测CO_2的排放量，如何设定排放限值标准等，并在2005年7月份的海上环境保护委员会(MEPC)第53次会议上批准了《船舶CO_2排放指数自愿试用导则》并以IMO通函MEPC/Circ.471予以发布，期望通过业界的试用获得一定的经验和数据后制定CO_2排放限值标准。然而，根据随后各国的试用反馈信息，船舶CO_2排放指数受到太多不确定因素的影响，如市场经济波动、船舶航线、海况等，这些因素难以预测和控制。

在2007年7月份召开的IMO海上环境保护委员会第56次会议(MEPC56)上成立了温室气体通信组，审议船舶CO_2排放指数试用信息。在通信组审议工作中认为，由于营运船舶CO_2排放指数受到船舶营运的多种因素影响，难以评估全球营运船队的CO_2排放平均水平和设定减排目标，而从新造船的设计上可采取技术性措施(如发动机优化、船型优化、使用节能技术等措施)予以控制，且是一种长期有效的措施。在2008年3月的MEPC57会议上，由丹麦、马绍尔群岛及国际航运公会(ICS)等提出提案(MEPC57/4/3)，首次提议要求制定"强制性新造船CO_2设计指数"，日本提出制定新造船能源效率指数的提案(MEPC57/4/11)。MEPC 57同意新造船CO_2设计指数的提议。

在2008年10月份的MEPC58次会议上，海上环境保护委员会同意将"船舶CO_2设计指数"改为"船舶能效设计指数"(EEDI)。EEDI通过船舶本身的相关参数来表征船舶能效水平。在MEPC58会议上形成了"新造船EEDI设计指数计算方法临时导则草案"，并在2009年7月的MEPC59会议上完成对EEDI计算导则草案的进一步修订，同时完成能效设计指数验证临时导则，以MEPC通函(MEPC.1/Circ.681)散发供业界自愿试用。

在"能效设计指数验证临时导则"出台之后，IMO又陆续对EEDI基线制定的计算方法、验证方法等内容进行研究和广泛讨论。最终于2011年7月的MEPC62会议上正式以IMO MEPC.203(62)决议将船舶能效要求纳入MARPOL附则Ⅵ，并于2013年1月1日生效实施。IMO根据现有船舶能效水平确定相应船型的能效水平，并在此基线基础上在0、1、2、3四个阶段进行相应的折减，要求新造船达到的能效水平(Attained EEDI)达到相应阶段的能效要求指标(Required EEDI)，使得船舶能效能够得到持续有效的提高，以降低CO_2排放。

另外，为配合能效要求的实施，还配套制定了相应的指南，包括新船可达到船舶能效设计指数(Attained EEDI)计算导则(MEPC.212(63))、EEDI检验和发证导则(MEPC.214(63))、EEDI基线计算导则(MEPC.215(63))、船舶能效管理计划(SEEMP)制定导则(MEPC.213(63))等，便于能效要求的实施和验证。但由于能效设计指数计算和验证的复杂性，仍有相当多的问题正在逐步地进行解决，包括继续对MARPOL中纳入能效要求文本的完善，增加能效要求适用船型范围、重大改建定义适用问题、对柴-电推进系统、涡轮推进、气体燃料推进、双燃料主机推进等非传统推进方式的EEDI的计算方法问题、对大吨位油船和散货船EEDI适用要求等都有待进一步进行研究。

EEDI是IMO作为航运减排策略中最先推出的一个实质性措施，对造船界带来深远的影响。从EEDI的提出、发展到最终推出并纳入MARPOL公约的过程中，我国外交部、交通运输部、工业和信息化部及国家发展和改革委员会等部委共同努力，积极组织行业内有关专家，深入研究EEDI的概念和计算方法、验证方法等，分析评估EEDI衡准确定方法及衡准对船舶设计及相关技术发展的影响，并评估其对我国船舶行业的影响。MEPC59会议至MEPC64会议期间，我国共提出与船舶能效相关的提案21份，相关建议得到了IMO采纳，最大程度地保护了我国船舶行业的利益。

第二节 船舶能源利用系统

船舶运输业是能源消耗型行业，石油类能源消耗总量较大。深入开展船舶行业的节能减排工作，对于降低能源消耗、保护大气环境具有重要意义。从“开源”和“节流”两方面出发，船舶行业既要积极推动技术创新，开发和利用各种节能型船用产品，还要不断加强各种新能源的研发力度，促进清洁能源在船舶上的应用。

一、 船舶典型能源利用系统构成

船舶能源消耗设备通常包括主机、辅机、燃油锅炉、排烟系统、冷却系统、电力传输系统、传动系统、热力传输系统、推进装置等。图1-1为某原油船能源利用系统的示意图。

二、 船舶能耗分布

利用船舶的相关设计数据，可以估算出船舶在某个航行时段内主机、辅机及其他能耗设备各自的耗能量，从而计算出船舶的能耗分布。表1-1给出了某原油船的能耗分布。

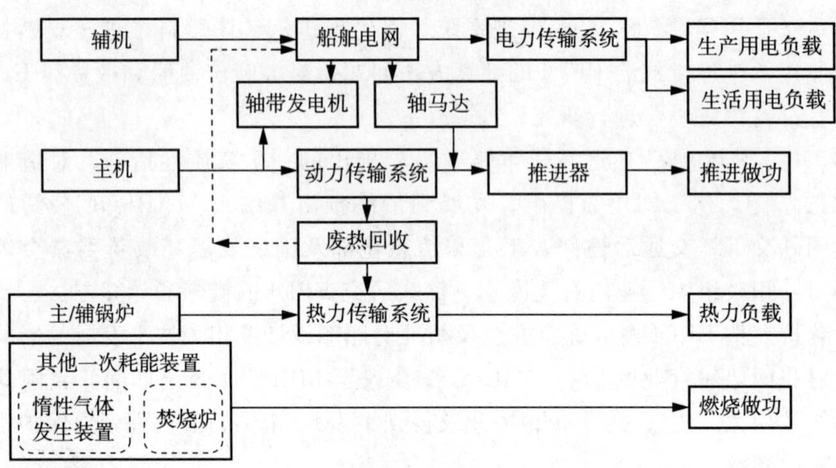

图 1-1 某原油船能源利用系统示意图

表 1-1 某原油船能耗分布

<table>
<tr><td rowspan="8">主机总能耗
(92.28%)</td><td rowspan="3">主机做功
(44.18%)</td><td rowspan="2">推进器
(41.97%)</td><td colspan="2">推进做功(25.18%)</td></tr>
<tr><td colspan="2">推进损失(16.79%)</td></tr>
<tr><td colspan="3">传动损耗(2.21%)</td></tr>
<tr><td rowspan="4">主机排烟
(23.93%)</td><td rowspan="3">废气锅炉
(3.75%)</td><td rowspan="2">热力传输系统
(3.68%)</td><td>热力负载
(3.31%)</td></tr>
<tr><td>传输损失
(0.37%)</td></tr>
<tr><td colspan="2">锅炉热损失(0.07%)</td></tr>
<tr><td colspan="3">排烟损失(20.18%)</td></tr>
<tr><td colspan="4">主机冷却(24.17%)</td></tr>
<tr><td rowspan="5">辅机总能耗
(7.45%)</td><td rowspan="3">辅机做功
(3.18%)</td><td colspan="3">电网损耗(0.15%)</td></tr>
<tr><td colspan="3">生产用电(2.87%)</td></tr>
<tr><td colspan="3">生活用电(0.16%)</td></tr>
<tr><td colspan="4">辅机排烟(2.97%)</td></tr>
<tr><td colspan="4">辅机冷却(1.30%)</td></tr>
<tr><td rowspan="2">其他初级能耗装置
耗能(0.27%)</td><td colspan="4">耗能装置能量损耗(0.03%)</td></tr>
<tr><td colspan="4">耗能装置做功(0.24%)</td></tr>
<tr><td colspan="5">注：括号内数字为相应能耗占船舶总能耗的比例。</td></tr>
</table>

第二章 国内外对绿色船舶的相关政策

第一节　世界主要航运国家对绿色船舶的相关政策

近年来，为了保护全球环境，国际海事组织密集出台国际海事规则，各国政府也陆续出台节能减排的相关政策，强力控制航运的气体排放量，以减少对空气和海洋环境的污染。与强制规则相对的，则是各国政府的“软性”政策(主要是税收政策)，一些经济激励性政策的出台与实施，成为鼓励和引导绿色船舶发展的有力“推手”。

为避免重复征税，目前世界上存在大量的国际税收协定。税收协定为缔约国双方的居民纳税人提供了许多税收优惠。例如，根据国际规范，股息、利息、特许权使用费等投资所得，在收入来源缔约国可以按照比该国常规税率低的限制税率缴纳预提税，有的可以免税。

从世界主要航运国家的一些做法来看，奖励政策是对达到国际规范、标准的准入门槛后能够超前完成和实现规范、标准要求的船舶进行政策激励，其中以减免税、设立奖励基金、补贴的形式为主。虽然各国政府的奖励资金或减税份额不是很多，但政府的奖励政策充分发挥了“氛围导向”作用，鼓励和引导绿色船舶不断向前推进。

以下着重介绍世界主要造船和航运国家在船舶税收方面的相关政策。

一、美国

美国的资本建设基金制度(Capital construction funds，CCF)可用于在美国境内建造、登记的船舶。CCF 中需要设立 3 个账户，即资本账户、资本收益账户及一般收入账户，将已完税收入(即折旧费)存入资本账户，将延期纳税收入(即资本收益)及一般收入分别存入资本收益账户和一般收入账户，从而将已完税存款与延期纳税存款加以区别，经营人能享受到税收补贴的是存入资本收益账户与一般收入账户的存款。它对何种船舶所有人、何种收入不能存入该基金没有任何保留性限制，使得该制度可以让美国船舶所有人最广泛地享受美国政府对航运业的税收优惠补贴。该制度对船东来说，主要是获得税收延期带来的收益。

CCF只是美国政府通过税收延期的方式给经营人以资助，税收延期并不等于免税，但它确实在一定程度上减少了部分税收。延期时间越长，折现率越高，则税收延期所减免的税收就越多。或者说，经营人可以一再把款项用于新造船的再投资存入CCF，这样纳税人就可以无限期地延期。

美国环境保护署曾为绿色清洁燃油项目设立3000万美元奖励金，其中包括为发动机和运输工具的升级、新燃料的使用、新技术的研发以及气体排放量的控制和减少。

日前，美国洛杉矶港也正式批准加入船舶环境指数(ESI)项目。洛杉矶港规定，依照ESI的衡量标准，符合减排标准的船舶每次挂靠洛杉矶港，其所在的航运公司可获得250美元至5250美元不等的奖金，参与ESI计划的航运公司，最快半年内就可以有奖金进账。截至2012年10月，已有1442艘船注册了ESI系统，19个港口提供了相应的奖励措施。

二、 英国

英国的船舶折旧，是根据船舶建造合同的预期折旧和船舶建造前的先期付款，使用余额递减法。英国规定，悬挂英国国旗船舶的最大折旧率是每年25%，租往国外的为每年10%，这样就可以减少应税利润。

英国政府还采用减免法人税(含地方税)、免征船舶固定资产税等方法鼓励船舶经营对于全年在海外工作时间1/2以上(183天)的船员免征个人所得税，同时减免船员的社会保险费及教育费用补助。此外，还以补助标准经济航空票价35%的补贴方式，来补偿海运公司用来解送在国外海域船舶上工作的船员费用。

对于船舶资产处理的前一年及后三年，征税时采取减值入账的方式，即对后三年内取得的资产，在征税时减去取得资产当年度的收入。此外，英国对商船进口和造船材料及设备进口均免征关税。

1978年，英国于自治领土马恩岛设立了不同于英国本土登记制度的新船舶登记处，并于1986年正式运作。在马恩岛登记的悬挂英国国旗并由岛内有经营处所的公司所有或管理的船舶，对其不征收吨税、年度税等税金，而只征收少量的登记费(1500总吨以下船舶收170英镑，1500总吨以上船舶收245英镑)。另外，免征船舶固定资产税、船员收入所得税和社会保险税(船员费用可减少30%以上)。

三、 德国

德国政府规定，海运公司的船舶(自有或租用均可)，凡在德国登记半年以上、已悬挂德国国旗、在该征税年中从事半年以上的国际运输者，其经营国际运输收入的 80%按一定税率的一半交税，其余的 20%按照正常税率交税。

对于有亏损的航运公司，德国规定亏损可以延后冲销以后 5 年的利润，亦可抵前 1 年的净利，以此降低企业应税利润，从而补偿企业的某些亏损。对于悬挂德国国旗、从事国际航运半年以上、达到 125000 德国马克免税限额的船舶，只对其 75%的营运财产纳税。

德国还规定，一个海运公司至少连续 6 年因出售船舶所得的账面利润，可以存入一项特别免税基金。这部分特殊的基金可以用来购买在出售船舶后 2 年内建造的新船，或对船舶进行重大改装。在这种情况下，此项资金的使用不需交任何税费，但是该新船或改装船舶的账面价值必须在上述免税资金中扣除，因为此价值关系到船舶的折旧。此免税期限可以延长为 4 年。

四、 新加坡

从 19 世纪 80 年代中期开始，新加坡贸易发展当局制定的政策就是要使新加坡成为重要的航运中心。百余年来，自由港政策一直是新加坡最突出的贸易和航运政策，即“该地的贸易对所有国家的任何船舶开放，免税，公平交易”。在自由港政策框架下，新加坡进一步制定了具体的优惠政策。主要包括：

(1) 税收优惠。对悬挂新加坡国旗的船公司营运收入予以免税，现在又进一步规定对船公司股息免税，出售船舶收益免税；对租船的国内外船舶所有人的收入予以免税。

(2) 对船舶实行“开放登记政策”，国外船舶所有人的船舶船龄在 15 年以下可予以登记，国内船龄限制为 11 年。

(3) 新加坡目前通行的造船信贷条件为。对国内外船舶所有人贷款额为 85%，利率为 8%，对出口船实行固定汇率，偿还期为 7～10 年，2 年宽限期。

新加坡政府对于绿色船舶的奖励措施十分重视。据《大公报》报道，2011 年，新加坡政府推出航运业环保及清洁奖励计划，以巩固其国际航运中心地位。该计划包括 3 个部分：一是绿色港口计划，通过减免港口费鼓励船舶在新加坡港口使用清洁燃料；二是绿色船舶计划，向采取低燃油消耗设计的挂新加坡国旗船只减免税费；三是绿色科技计划向航运公司提供资金支持，助其开发并采用环保技术。新加坡政府提供 7940 万美元资金，由海事及港务管理局(MPA)在 5 年内推行此项计划。

五、 荷兰

荷兰的船舶所有人可以选择使用直线折旧法，折旧期为 12～20 年；也可以选择余额递减折旧法，折旧率为 12%～16%，除某些特殊情况外，经营亏损可以移后扣减 8 年或移前扣减 3 年。分别减征船员所得税和社会保险费的 35%，退还业主。

远洋运输船舶(不用于公共运输的游艇除外)免征增值税，建造这些船舶、装置和修船所用的产品和服务也同样免征增值税。进口的船舶不收增值税。用于远洋船舶建造、修理、保养或改装的物品免征关税，用于对远洋船舶装修和装备的物品也免征关税。

荷兰从1996年1月1日起实行新的海运政策，即法人所得税除了原有的以实际净利润为对象外，还可选择新方式下的以荷兰为据点而运输的货物吨数为对象，船公司可以自由选择原方式或新方式，但至少要保持所选方式10年不变。

六、 其他国家和地区

挪威于1987年6月首创国际船舶登记制度(NIS)，同年7月实施。任何船舶所有人只要在挪威委托有住所的法定代理人，其船舶即可在NIS登记并悬挂挪威国旗。除船长为挪威人外，其他任何岗位均可雇佣外国船员，其工资按所属国工资标准支付。免除外国船员的所得税和社会保障费用(一年可节省50万美元)，登记费和吨税也大幅度降低。外国船舶所有人通常被免除根据税法向挪威交付的税金。

欧洲港口对进港船舶实施环保清洁标准的做法，首先是由鹿特丹港港务局做起。该港为了鼓励船东、船舶严格执行碳排放，降低氮氧化物和硫氧化物，率先采用了由全球海运业船舶评估机构Rightship提出的船舶环境指数(ESI)。根据ESI项目内容，只要船公司通过推动引擎、燃料等减排技术升级，使船舶的碳排放量低于国际海事组织的规定，船公司就可获得港口费减免或奖金奖励。ESI指数出台的目的就是鼓励港口给予绿色船舶更多优惠。一艘ESI表现良好的船舶进入鹿特丹港口，能节省约6%港口费，如果按最大吨位船舶来计算的话，那么每次进入鹿特丹港口该船舶就能节省约4000英镑的港口费。

2012年9月26日，中国香港政府开始推行为期3年的泊岸换油计划，船舶靠港换用硫含量不高于0.5%的燃料油，港口设施费和灯标费将减半征收，到2012年11月30日，已经有17家船公司的555艘远洋船舶登记参加。

世界各港口除了向绿色船舶减免税费和给予奖金奖励外，还向航运公司颁发奖项，鼓励绿色航运的发展。日前，新加坡海事及港务管理局向美国总统轮船公司的“APL Yangshan”号集装箱船颁发年度绿色船舶奖。该艘10700TEU集装箱船营运于亚欧航线，获得此项殊荣主要原因在于船舶的性能和能效。另外，马士基集团旗下的马士基香港船舶管理有限公司获得香港船舶注册处颁发的“2011年度绿色文化奖”。该公司凭借在环保方面的突出表现和举措连续两年获得此类奖项。

第二节　我国对绿色船舶的相关政策

一、 我国车船税政策

2011年2月25日，第十一届全国人民代表大会常务委员会第十九次会议通过了《中华人民共和国车船税法》(以下简称《车船税法》)。2011年11月23日，国务院第182次常务会议通过了《中华人民共和国车船税法实施条例》，并于2011年12月以中华人民共和国国务院令第611号发布。

《车船税法》是按照全国人大授权决定和立法法有关规定，将国务院制定的《中华人民共和国车船税暂行条例》(以下简称《车船税暂行条例》)修改完善后上升为法律。出台车船税法的主要原因在于，我国车船税制度已有60年的征收实践，目前制度比较稳定，立法条件比较成熟。通过立法进一步完善税制，体现税负公平。《车船税法》根据“总体税负不变”原则，优化了税负结构。对货车、挂车和船舶(游艇除外)，以及87%左右的乘用车维持或下调了税负，对13%左右的乘用车增加了税负。作为保有环节征收的税种，车船税对交易价格基本不造成影响。

与《车船税暂行条例》相比，《车船税法》对相关税制要素作了下列5个方面的调整：

(1)完善征税范围。《车船税暂行条例》规定，车船税的征税范围是依法应当在车船管理部门登记的车船。不需登记的单位内部作业车船不征税。从车船税财产税性质和公平税负的角度出发，不论车船是否应向管理部门登记，都应纳入征税范围。《车船税法》不再按车船是否登记来确定是否具有纳税义务，将征税范围统一为本法规定的车船。

(2)改革乘用车计税依据。《车船税暂行条例》及实施细则规定，微型、小型客车(乘用车)按辆征收。车船税作为财产税，计税依据理论上应当是评估价值，但由于乘用车数量庞大且分散于千家万户，难以进行价值评估。考虑到乘用车的排气量与其价值总体上存在着正相关关系，《车船税法》将排气量作为乘用车计税依据。

(3)调整税负结构。一方面，为支持交通运输业发展，《车船税法》对占汽车总量28%左右的货车、摩托车以及船舶(游艇除外)仍维持原条例税额幅度不变；对载客9人以上的客车税额幅度略作提高；对挂车由原条例规定的与货车适用相同税额改为减按货车税额的50%征收。另一方面，为更好地发挥车船税的调节功能，体现对汽车消费和节能减排的政策导向，《车船税法》对占汽车总量72%左右的乘用车(也就是载客少于9人的汽车)的税负，按发动机排气量大小分别作了降低、不变和提高的结构性调整。一是占现有乘用车总量87%左右、排气量在2.0L及以下的乘用车，税额幅度适当降低或维持不变；二是占现有乘用车总量10%左右、排气量为2.0L～2.5L(含)的中等排量车，税额幅度比现行税额幅度适当调高；三是占现有乘用车总量3%左右、排气量为2.5L以上较大或大排量车，税额幅度比现行税额幅度有较大提高。

(4)规范税收优惠。《车船税法》除了保留《车船税暂行条例》规定的省、自治区、直辖市人民政府可以对公共交通车船给予定期减、免税优惠外，还增加了以下3项优惠规定：一是对节约能源、使用新能源的车船可以减征或免征车船税；二是省、自治区、直辖市人民政府根据当地实际情况，可以对农村居民拥有并主要在农村地区使用的摩托车、三轮汽车和低速载货汽车定期减征或免征车船税；三是对受严重自然灾害影响、纳税困难以及有其他特殊原因确需减、免税的，可以减征或免征车船税。

(5)强化征收管理。考虑到机动车数量庞大，税源分散，仅靠税务机关自身力量征管难度较大。公安机关交通管理部门的机动车管理机构比较健全，制度和管理手段比较严密，在不过多增加工作量的情况下，由其对车船税的征收予以协助，对于提高征收绩效、防止税源流失具有重要作用。为此，《车船税法》规定，车辆所有人或者管理人在申请办理车辆相关登记、定期检验手续时，应向公安机关交通管理部门提交依法纳税或者免税证明。公安机关交通管理部门核查后予以办理相关手续。此外，船舶的流动性大，目前对船舶征税在源头控制上效果不够理想。为此，《车船税法》规定，船检机构应当在提供船舶有关信息方面协助税务机关加强车船税的征收管理。

为了体现车船税调节功能，《车船税法》将船舶中的游艇单列出来，明确按长度征税，并将税额幅度确定为每米600元～2000元。游艇不同于一般船舶，具有特殊性，其计税依据和税额需要具体研究确定。一般来说，可考虑将净吨位、发动机功率、实际价值和长度作为游艇的计税依据。从净吨位看，由于制造游艇的材料多数由玻璃钢、铝合金等高级材料组成，此类材料具有重量轻的特点，净吨位与其价值关联性较低。从发动机功率看，同一长度的游艇可以根据个性化需要，选择不同功率的发动机，发动机功率大小与其价值也没有必然的正相关关系。从实际价值看，确定游艇的实际价值与确定车辆的实际价值存在同样的困难，在现行征管条件下难以按价格计征。基于此，国际大多数国家都将长度作为游艇的计税依据，主要考虑是游艇长度与其价值关联性较高，且直观易于测量，从长远考虑，也可较好地避免其他计税依据可能导致的征管漏洞。考虑到游艇作为休闲娱乐用品，与乘用车作为代步工具不同，为体现税负公平，《车船税法》将税额具体确定为每米600元～2000元。目前我国游艇一般长度范围在7.9m～30m之间，税额约为每艘4800元～60000元之间。

按照《车船税法》的规定，免税车船有以下4种：

(1) 捕捞、养殖渔船：是指在渔业船舶登记管理部门登记为捕捞船或者养殖船的船舶；

(2) 军队、武装警察部队专用的车船：是指按照规定在军队、武装警察部队车船登记管理部门登记，并领取军队、武警牌照的车船；

(3) 警用车船：是指公安机关、国家安全机关、监狱、劳动教养管理机关和人民法院、人民检察院领取警用牌照的车辆和执行警务的专用船舶；

(4) 依照法律规定应当予以免税的外国驻华使领馆、国际组织驻华代表机构及其有关人员的车船。

国务院规定的减免税项目主要有以下3种：

(1) 节约能源、使用新能源的车船可以免征或减半征收车船税；具体范围由国务院有关部门制定；

(2) 按照规定缴纳船舶吨税的机动船舶，自车船税法实施之日起5年内免征车船税；

(3) 依法不需要在车船登记管理部门登记的机场、港口、铁路站场内部行驶或者作业的车船，自车船税法实施之日起5年内免征车船税。

为促进节约能源和使用新能源汽车、船舶产业的发展，财政部、国家税务总局、工业和信息化部于2012年3月6日联合发布了《关于节约能源 使用新能源车船车船税政策的通知》(财税[2012]19号)(以下简称《通知》)，明确节约能源、使用新能源的车船减免车船税有关政策。《通知》明确，自2012年1月1日起，对节约能源的车船，减半征收车船税；对使用新能源的车船，免征车船税，以促进车船绿色发展。针对节约能源、使用新能源汽车，《通知》的附件2规定了21项“新能源汽车产品专项检验标准目录”。而节约能源、使用新能源船舶还没有相关标准。为此，《通知》明确规定：“节约能源、使用新能源船舶的认定标准、目录管理规定另行制定”。

根据《中华人民共和国车船税法》，涉及的船舶主要是机动船舶和游艇，也包括了拖船和非机动驳船，见表2-1。

表2-1 《中华人民共和国车船税法》适用船舶及税额

税目		计税单位	年基准税额	备注
船舶	机动船舶	净吨位每吨	3元～6元	拖船、非机动驳船分别按照机动船舶税额的50%计算
	游艇	艇身长度每米	600元～2000元	—

在《中华人民共和国车船税法实施条例》的第四条和第五条主要对机动船舶和

游艇的具体适用税额作出了明确规定。主要规定如下：

> **第四条**　机动船舶具体适用税额为：
>
> (一)净吨位不超过200吨的，每吨3元；
>
> (二)净吨位超过200吨但不超过2000吨的，每吨4元；
>
> (三)净吨位超过2000吨但不超过10000吨的，每吨5元；
>
> (四)净吨位超过10000吨的，每吨6元。
>
> 拖船按照发动机功率每1千瓦折合净吨位0.67吨计算征收车船税。
>
> **第五条**　游艇具体适用税额为：
>
> (一)艇身长度不超过10米的，每米600元；
>
> (二)艇身长度超过10米但不超过18米的，每米900元；
>
> (三)艇身长度超过18米但不超过30米的，每米1300元；
>
> (四)艇身长度超过30米的，每米2000元；
>
> (五)辅助动力帆艇，每米600元。

以一艘净吨位为1550t的散货船为例，若达到节能型船舶的标准，则每年可减半交税。根据《中华人民共和国车船税法实施条例》中具体税额的规定，每净吨位可少交3元，每年可少交4650元。

二、船级社关于绿色船舶的规定

船舶温室气体减排、节能和船舶再利用、压载水公约等标准成为新一轮国际标准权益竞争的焦点，也使得国际船舶规范和标准以船舶安全和环保为主线，向着绿色船舶的方向发展，促进国际海事界在全球范围内发起一场新的“绿色革命”。同时，随着IMO将新造船舶能效设计指数(EEDI)、船舶能效营运指数(EEOI)、船舶能效管理计划(SEEMP)等新要求纳入IMO MARPOL公约并将分阶段实施，对航运业节能减排的要求越来越严格。面临海事界发展形势，中国船级社(CCS)在近年来对国际船舶技术标准发展、船舶绿色特性和绿色技术的研究成果基础上，首次尝试采用GBS(基于目标的船舶建造标准)方法编写了《绿色船舶规范》，分层次地规定了绿色船舶的目标、功能要求和实现功能的技术标准。CCS通过规范升级与船舶业界共同应对绿色低碳的转型发展。2012年7月10日，CCS正式发布全球首部《绿色船舶规范》，并于2012年10月1日正式生效。

《绿色船舶规范》的宗旨是倡导发展和应用绿色技术，促进造船业、相关制造业和航运业产业结构优化升级，促进航运企业对新建船舶和现有船舶采取具有成本效益的技术和管理措施，提高运输船队营运的绿色度，在安全的前提下实现船舶的低消耗、低排放、低污染、工作环境舒适的目标。绿色船舶的目标包括环境保护、能效提高和工作环境改善三个方面。除满足有关公约、规则、标准等强制性规定外，引导船舶设计和建造采用无害于人类和海洋生态环境的材料和清洁能源，引导船舶进一步降低油类/生活污水/垃圾/废气等排放以及降低压载水传播有害水生物的风险。

《绿色船舶规范》是CCS规范体系的组成部分，以自愿应用为基础，不强制要求入级船舶满足《绿色船舶规范》的额外要求。申请船舶经CCS审图与检验，并通过综合评定，确认符合《绿色船舶规范》要求的船舶，将获得绿色船舶相应附加标志。

绿色船舶附加标志分为3个级别：绿色船舶Ⅰ(Green ShipⅠ)、绿色船舶Ⅱ(Green ShipⅡ)、绿色船舶Ⅲ(Green ShipⅢ)。除了表征船舶的综合绿色性能，《绿色船舶规范》还设置了专门的绿色技术附加标志，以鼓励绿色技术的应用，如采用LNG燃料、低硫燃油、高压岸电、太阳能等。同时，针对船舶能效要求给出了专门的能效附加标志：EEDI(Ⅰ/Ⅱ/Ⅲ)和SEEMP(Ⅰ/Ⅱ/Ⅲ)，以突出船舶在能效方面的优势。

与绿色船舶要素相关的原则性技术要求及验证方法见表2-2。

表2-2 与绿色船舶要素相关的原则性技术要求及验证方法

绿色船舶等级标识相关的绿色要素		原则性技术要求			验证方法
		Green ShipⅠ	Green ShipⅡ	Green ShipⅢ	
能效要求	设计能效	Attained EEDI ≤RLV(IMO船舶基准线值)	Attained EEDI ≤0.90RLV	Attained EEDI ≤0.70RLV	设计阶段的前期验证：计算Attained EEDI，并提交EEDI技术案卷及其他相关材料。 试航阶段最终验证：主要为航速验证。 具体验证方法参考CCS《绿色船舶规范》
	营运能效	要求船舶备有船舶能效管理计划(SEEMP)	除具备SEEMP外，要求航运公司及船舶经营者建立船舶营运能效管理体系	除具备SEEMP和船舶营运能效管理体系，船舶还应具备诸如航线优化、船体生物污垢监测等实时监测的软件	验证船上是否备有SEEMP，参考CCS《船舶能效管理认证规范》的验证方法

续表 2-2

绿色船舶等级标识相关的绿色要素	原则性技术要求			验证方法
	Green ShipⅠ	Green ShipⅡ	Green ShipⅢ	
环境保护要求	应满足： (1)MARPOL 公约附则Ⅰ至附则Ⅵ； (2)压载水公约； (3)防污底公约； (4)香港公约	除满足 Green Ship Ⅰ所有要求之外，还应在如下方面满足更高要求： (1)防止油类污染[排放物含油量≤15×10^{-6}]； (2)防止有毒液体物质污染； (3)防止生活污水污染； (4)防止垃圾污染； (5)防污底系统； (6)压载水管理； (7)防止空气污染[NO_x(TierⅡ)、SO_x(3.0%，ECA-1%)、冷藏系统、焚烧炉]	除满足 Green Ship Ⅱ所有要求之外，还应在如下方面满足更高要求： (1)防止油类污染[排放物含油量≤5×10^{-6}]； (2)防止生活污水污染[灰水处理]； (3)防污底系统[不含任何生物杀灭剂]； (4)压载水管理[符合 D-2 标准]； (5)防止空气污染[NO_x(TierⅢ)、SO_x(0.5%，ECA-0.1%)、冷藏系统、固定式消防系统]	技术性要求验证： (1)符合国际安全管理规则的安全管理证书； (2)与 CCS 或其他国际船级社协会(IACS)成员社签订的应急响应服务证明文件(如合同)； (3)国际防止油污证书； (4)国际防止散装运输有毒液体物质污染证书或等效的国际散化船适装证书； (5)符合 MARPOL 公约附则Ⅲ要求的证明文件； (6)国际防止生活污水污染证书； (7)符合 MARPOL 公约附则Ⅴ要求的证明文件； (8)国际防止空气污染证书或符合证明； (9)国际防污底系统证书(或符合证明)或防污底系统声明； (10)国际压载水管理证书或符合证明文件； (11)国际有害材料清单证书或符合证明文件； (12)国际能效证书或符合证明文件。 操作性要求验证： (1)船上油污应急计划； (2)压载水管理计划； (3)垃圾管理计划； (4)燃油转换程序； (5)挥发性有机化合物(VOC)管理计划(原油油船)； (6)海洋污染应急计划或有毒液体物质污染应急计划； (7)船对船(STS)操作计划(仅适用于进行 STS 操作的油船)

续表 2-2

<table>
<tr><td colspan="2" rowspan="2">绿色船舶等级标识相关的绿色要素</td><td colspan="3">原则性技术要求</td><td rowspan="2">验证方法</td></tr>
<tr><td>Green Ship Ⅰ</td><td>Green Ship Ⅱ</td><td>Green Ship Ⅲ</td></tr>
<tr><td rowspan="3">工作环境要求</td><td>机舱自动化</td><td>具有 MCC 或 BRC 附加标志</td><td>具有 AUT-0 附加标志</td><td>具有 AUT-0 附加标志</td><td>按照船级社规范 MCC 及 AUT-0 附加标志的验证方法</td></tr>
<tr><td>振动</td><td colspan="3">参照 ISO 6954：2000《机械振动　客船和商船适居性振动测量、报告和评价准则》的要求</td><td>按照 ISO 6954：2000《机械振动　客船和商船适居性振动测量、报告和评价准则》的验证方法</td></tr>
<tr><td>噪声</td><td colspan="3">参照 IMO A. 468《船舶噪声级规则》的要求</td><td>按照 IMO A. 468《船舶噪声级规则》的验证方法</td></tr>
<tr><td colspan="6">注：Attained EEDI 是指达到的 EEDI 值。</td></tr>
</table>

《内河船舶绿色规范》则适用于航行于我国内河水域、400 总吨及以上、申请中国船级社授予“绿色船舶”附加标志和其他单项附加标志的入级自航船舶；该规范采用目标式结构布置方式，其由两部分组成，前封闭、后开放。一是船舶技术要求(封闭式结构设置)，包括能效要素(能效设计指数和能效管理计划)、环保要素(防油污、防生活污水污染、防空气污染等)、工作环境要素(船舶振动和噪声)；二是船舶绿色技术在船上使用的技术要求(开放式结构设置)，有热泵技术、岸电技术、尾轴水润滑、清洁设备后处理、燃料电池等，此部分是开放式的，随着船舶绿色技术的发展，可逐步丰富此部分内容。本规范将绿色船舶划分为 3 个级别，分别是绿色船舶-Ⅰ、Ⅱ、Ⅲ，环保等级逐渐提高，可使用多项绿色技术使船舶满足不同等级绿色船舶附加标志要求的能效要素、环保要素、工作环境要素。如表 2-3 所示。

表 2-3　与内河绿色船舶要素相关的原则性技术要求及验证方法

<table>
<tr><td colspan="2" rowspan="2">绿色船舶等级标识相关的绿色要素</td><td colspan="3">原则性技术要求</td><td rowspan="2">验证方法</td></tr>
<tr><td>Green Ship Ⅰ</td><td>Green Ship Ⅱ</td><td>Green Ship Ⅲ</td></tr>
<tr><td>能效要求</td><td>设计能效</td><td>Attained EEDI≤RLV</td><td>Attained EEDI≤0. 85RLV</td><td>Attained EEDI≤0. 70RLV</td><td>设计阶段的前期验证：计算 Attained EEDI，并提交 EEDI 技术案卷及其他相关材料。
试航阶段的最终验证：主要为航速验证。
具体验证方法参考 CCS《内河绿色船舶规范》和《内河船舶能效设计指数(EEDI)评估指南》</td></tr>
</table>

续表 2-3

绿色船舶等级标识相关的绿色要素		原则性技术要求			验证方法
		Green Ship Ⅰ	Green Ship Ⅱ	Green Ship Ⅲ	
能效要求	营运能效	要求船舶备有船舶能效管理计划(SEEMP)	除具备 SEEMP，要求航运公司及船舶经营者建立船舶营运能效管理体系		验证船上是否备有 SEEMP，参考 CCS《船舶能效管理认证规范》的验证方法
环境保护要求		(1)防止油类污染； (2)餐饮污水； (3)防止船舶垃圾污染； (4)防止散装有毒液体物质污染； (5)防污底系统； (6)NO_x 排放控制； (7)SO_x 排放控制； (8)制冷剂； (9)灭火剂； (10)防止噪声污染； (11)有害物质的禁用和限用	除满足 Green Ship Ⅰ 所有要求之外，还应在如下方面满足更高要求： (1)防止油类污染； (2)SO_x 排放控制； (3)制冷剂； (4)灭火剂； (5)防止噪声污染	除满足 Green Ship Ⅰ 和 Green Ship Ⅱ 所有要求之外，还应在如下方面满足更高要求： (1)防止生活污水污染； (2)防污底系统； (3)NO_x 排放控制； (4)SO_x 排放控制； (5)制冷剂； (6)灭火剂	技术性要求验证：《内河绿色船舶规范》及相关指南
工作环境要求	振动	参照本规范和 ISO 6954：2000《机械振动　客船和商船适居性振动测量、报告和评价准则》的要求			按照《内河绿色船舶规范》及 ISO 6954：2000《机械振动　客船和商船适居性振动测量、报告和评价准则》的验证方法
	噪声	参照本规范和 IMO A. 468《船舶噪声级规则》的要求			按照《内河绿色船舶规范》及 IMO A. 468《船舶噪声级规则》的验证方法

除此之外还有 3 本指南，即《内河船舶能效设计指数(EEDI)评估指南》《内河船舶有害物质控制指南》及《内河船舶能效管理计划(SEEMP)编制指南》，是对《内河绿色船舶规范》三个关键点(能效设计指数的计算和评估、能效管理计划的编制、有害物质清单的编制)的技术支撑。

《内河船舶能效设计指数(EEDI)评估指南》主要是根据内河实际情况，对国际上的计算公式及公式中参数的选取进行了修改，以便更切合内河船舶的实际，同时根据内河特点建立了内河船舶能效设计指数的实船验证方法，此指南为内河船舶能效设计指数的计算、前期验证、试航验证提供了技术支持和理论依据，为船舶设计人员和验船师提供技术支持和依据，亦为内河运输船舶船型标准化指标体系的实施提供技术支持和依据。

《内河船舶有害物质控制指南》主要是指导船舶编制有害物质清单及清单的维护，有害物质清单需列出规定的船用有害物质的使用位置及大概数量，以便修船和拆船时对有害物质进行控制或有组织的回收和处理，避免危害环境。

《内河船舶能效管理计划(SEEMP)编制指南》主要是指导船东编制船舶营运过程中的能效措施。由于船舶能效设计指数考核的是船舶设计状态的节能减排水平，而为了保证船舶航行过程中同样能处于较好的节能减排状态，因此要求船舶配备能效管理计划，即 SEEMP。通过与船东交流及密切合作，吸取优秀企业、大型企业的通航过程中使用的比较成熟有效的节能减排措施，指导小型船舶企业节能减排的发展。此指南包括能效管理计划的编制方法、不同类型船舶适用的能效措施、能效措施的监测以及评估和不断改进，目的在于促进船舶营运过程的节能减排，此指南亦为内河运输船舶船型标准化指标体系的实施提供技术支持和依据。

通过绿色技术在内河船舶的应用研究，以及相关绿色船舶规范和指南的编制，不仅为内河船舶朝着节能减排提供了技术支持和实施依据，提升了内河船舶的资源节约型和环境友好性，为新船型的研发提供了较好的引导和支持，同时还为我国内河船舶转型及规范转型打下了较好的基础，该绿色船舶规范体系的制定具有一定的前瞻性和引导性。

第三章 船舶节能措施及新能源应用

第一节 概述

现有船舶使用的能源多为油类燃料。然而，油类燃料的不断燃烧，使得环境污染日益严重。为了应对此问题，人们提出了低碳经济的概念。一方面是采用现代科技手段实现节能、增效；另一方面是不断开发新能源，最终实现人类社会发展的高能效、低能耗、多种能源供给和少污染的可持续发展之路。与此同时，能源短缺、环境污染、全球变暖已成为热门话题。面对这些问题，航运企业和船舶设计建造企业有两种选择：一是转向替代能源，寻找清洁能源或新能源作为柴油的替代燃料，如气体燃料、太阳能、风能和氢能作为现有船舶动力装置的替代能源；二是减少原油的使用量，采用先进科学技术，提高能量的有效利用。

船舶节能的重点是提高船舶推进效率，而船体线型优化、船机桨匹配优化等技术均可从不同方面提高船舶推进效率，降低船舶能源消耗，减少环境污染物的排放，也是目前国内外研究的重点。不同的节能措施将会带来不同的节能效果，目前可应用的节能技术措施及其效果见表 3-1。

表 3-1 船舶节能技术措施及其效果

序号	主要节能技术措施	节能效果/%
1	优化新船型及主尺度型线	8～15
2	优化设计减轻船舶自重	2～3
3	船舶经济航速航行	20 左右
4	气膜减阻技术	15 以上
5	优选最佳船舶纵倾航行状态	4～7
6	采取有效措施提高船舶载重量	3～6
7	优选新船壳涂料与良好保养	3～5

续表 3-1

序号	主要节能技术措施	节能效果/%
8	优选低转速大直径螺旋桨	10～15
9	优选桨叶梢与船壳最佳间隙	3～4
10	开发节能型柴油机(超长冲程等)	12～15
11	主机废热回收利用技术	5～8
12	采用轴带发电机	2～3
13	采取主机排气管扩压技术	2～3
14	优化电子喷油控制装置	3～5
15	采用新型燃油添加剂	3～4
16	采用舵附推力鳍以提高舵效	2～3
17	优化机舱自动化操作	4～6
18	采用精确导航系统设备	6～8

随着石油资源的枯竭和环保要求的不断提高，绿色船舶已成为未来船舶发展的方向，研究利用船舶新能源最具有革新性和代表性。新能源船舶将充分利用天然气、太阳能、风能以及波浪能等零污染或可再生能源(见图 3-1)，为船上的人员和设备提供相对独立的能量来源，在降低船舶主机或发电机能耗的同时，减少环境污染，并且保证船舶正常航行。

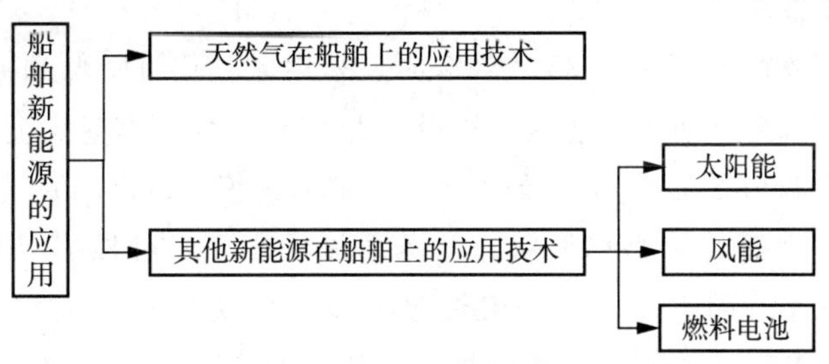

图 3-1 船舶新能源的应用

第二节 船舶节能措施

船舶在设计和建造时采用适用的一项或多项节能措施，可有效提高船舶的节能水平，降低污染物排放。

一、 船舶优化设计

1. 船型优化

船舶节能技术的关键是节能船型的优化设计。在满足船舶使用条件下，优化船体线型设计与船型，使船舶阻力最小，选配耗油量小的主机，使总体协调匹配，以达到船、机、桨、舵的最佳配置，从而提高船舶的推进效率，减少运营费用。

(1) 船体线型优化

通过船体线型优化，使船舶具备更好的流体线形，降低船舶的阻力，从而可在同样的油耗下达到更高的航行速度，或在相同的航行速度下可降低船舶能耗8%～15%。

(2) 球尾船型

该船型的特征是在船体满吃水线处的尾部区设有一个长约1%L_{PP}～2%L_{PP}(L_{PP}表示船舶垂线间长)、宽度极窄小的尾端形体。它是根据流体力学原理，利用球尾产生与船尾尾波相反等幅的波，以降低兴波高度。其主要作用：一是消波压浪，使船尾波的起波点后移，导致尾波扩散面大大减少，从而减少能量损失，以降低船舶阻力。二是可改善尾流，起整流作用，以提高船舶的推进效率，与此同时，还可减小螺旋桨的激振力，有利于降振。设计球尾的主要参数是尾球体长度、横剖面的大小与形状以及球心位置等，一般宜选择在桨轴中心线上，可根据船模试验优选其球尾尺度与形状，该船型一般可节省主机功率7%～9%。

(3) 球鼻首船型

设计船的傅汝德数F_n=0.25～0.35时，采用球鼻首可降低兴波阻力、破波阻力和舭涡阻力。因此，在大型船舶上均设有球鼻首，有些小型船上也设有球鼻首。球鼻首形式有水滴形、瓜子形、椭圆形及小流鼻式等。球鼻首的主要参数如球鼻长度、宽度、横剖面的大小与形状、球鼻浸深深度等，可根据具体的设计船型、傅汝德数以及吃水等因素确定。一般通过船模试验优配恰当的球鼻形式和尺度。球鼻首引起的波与船体的船首波可以相互抵消，以改善船首进流段区的水流状态，实现降低兴波阻力的目的。球鼻首还可增加船舶浮力，可作为压载水舱调节船的纵倾。在大型货船和油船上采用球鼻首，可降低总阻力达8%～11%；在中高速船上可降低总阻力约6%。

(4) 浅吃水肥大型船型

浅吃水肥大船型是受航道和港口泊位吃水限制的一种船舶。其主要特点：一是载重量较常规型船增加20%～30%，设计吨位愈大，则载重效果愈佳。一般2500t以上的运输船载重系数约在0.67以上。二是综合经济效益高。因为该船型具有载货位大、吃水浅等特点，可用于矿砂船、煤炭运输船、油轮、化学液体船以及船队运输途中的补给船等。该船型具有成本低、相对投资成本少，且营运航线多、可通航道多、营运在航率高等优势，目前在国内外得到广泛应用。

(5) 结构型式优化及高强度钢应用

主要是改善局部外力特性，使船舶的结构轻量化。其方法有：选择合适的骨架型式和骨材间距；应用槽型舱壁；选择合适的构件连接节点型式；合理确定船舶的总纵强度，通过优化设计计算得到的总纵强度，可以对整个船体结构重量；合理提高高强度钢的使用比例，高强度钢使用范围主要为纵向结构构件，如上甲板及纵骨、顶边舱斜壁板及纵骨、船内外底板及纵骨、舷侧板、内壳板及船底纵桁、肋板等，高强度钢的使用比例由过去的30%提高至55%；合理布置结构，提高材料的利用率，如节点型式设计，骨材间距的合理选用；合理设计结构，如货舱槽型横舱壁的优化配置，该目标船设置的货舱横舱壁型式由传统的矩形剖面修改为梯形剖面型式，可减少船体上各横舱壁结构总体重量；减少船底纵桁在不开孔区域的防屈曲加强筋配置。

2. 主机选型优化

在增大螺旋桨直径的基础上，重新对主机进行选型，主要体现在主机降档，可实现船舶航速不变而主机燃油消耗率降低的目的，从而降低船舶的EEDI值，提高能效水平。

3. 优化船、机、桨、舵最佳组合匹配

实现船、机、桨、舵的最佳组合匹配是很复杂的技术课题，涉及船型和船的主要参数、动力装置和螺旋桨的选配以及舵设计等诸多技术问题。提高船舶航速可在降低船舶阻力、提高推进效率、合理增大船主机功率等诸多方面采取有效措施。提高推进效率的措施有以下几个方面：

(1) 设计低转速大直径螺旋桨

螺旋桨直径通常根据船尾形状和船舶吃水等参数选定。增大螺旋桨直径且降低转速，可提高螺旋桨敞水效率，使推力减额因数增加以及增大伴流分数，提高船身效率。因此，设计低转速大直径螺旋桨，与其优配最佳船尾形状是船舶节能的重要措施之一。对于高速船舶，设计安装低转速大直径螺旋桨，可获取最佳的船舶推进效率。

(2) 采用内旋桨

国内研究双尾船配内旋桨表明，采用内旋桨的船身效率比外旋桨的提高约20%左右。对于MAU型和B型螺旋桨而言，采用内旋桨的船身效率比采用外旋桨提高2.4%左右，旋转效率提高3%～5%。其机理主要是产生一种反桨效应，因为内旋螺旋桨与来流流入桨盘的切向速度方向相反，则螺旋桨的转速相对于水流的旋转速度增加，导致螺旋桨推力增大，从而提高船舶推进效率。若巧妙设计最佳的船尾形状，更好地改善伴流场，提高伴流分数值，降低推力减额分数值，使螺旋桨处于稳定高伴流区工作，则船舶推进效率的提高会更加显著。

(3) 采用高效螺旋桨(PBCF 装置)

国外研究的一种 PBCF 装置(又称为毂帽鳍)，在螺旋桨轴套盖上设有鳍，鳍的数量与螺旋桨叶数相同，形状不一，与船尾形状有关。PBCF 装置的主要作用是降低螺旋桨旋转产生的涡流，以降低旋涡阻力。此装置具有结构简单，重量轻，费用低等优点。适用于各类船舶，尤以安装在螺旋桨螺距较大的船上效果更佳。

(4) 采用船舶助推轮装置

船舶助推轮装置是一种回收螺旋桨旋转尾流的装置，它可将一部分尾流能量转换为船舶前进的附加推力。该装置采用滚柱轴承支撑安装在螺旋桨轴的末端，在螺旋桨尾流的作用下，可自由地在桨轴上转动，以产生附加推力，从而提高船舶推进效率。该装置结构简单，易于安装、改装、拆卸和维修保养。

(5) 优选螺旋桨叶梢与船壳相对最佳位置

优选螺旋桨叶梢与船体外壳表面之间的间隙，可减少涡流影响。在深水航行的船舶，通常宜将螺旋桨叶梢设计布置超过船体基线，同时使螺旋桨轴中心线与船体水平线构成恰当的尾轴倾角(1.5°～2.3°)，这样可使螺旋桨盘前的来流得到改善，使供水充足以提高效率。

(6) 采用舵附推力鳍装置

舵附推力鳍装置是一种船舶助推节能装置，是将推力鳍安设在舵叶两侧适当的位置上，调整到舵两侧流向入射角，以与螺旋桨尾流相适应。这样，一方面可回收螺旋桨尾流中的旋转能量，另一方面可使推力鳍产生的升力中的部分转化成附加推力。设计舵附加推力鳍的主要参数有鳍翼长度、切面形状和展弦比，以及鳍的安装位置与角度等。国外在一些肥大型单桨船上安设推力鳍，可节省主机功率约 4%～5%。国内研究的推力翼也已安装在 20 余艘内河船上，其节能效果相当可观。

(7) 采用自动操舵装置

优选船型和动力装置及配置恰当的螺旋桨后，为达到船、机、桨、舵最佳匹配，可采用自动舵装置以收到最佳效果。

4. 设备和系统的布置优化

从方便使用和经济的角度对压载水系统、管系、阀等进行优化布置和设置，比如少用管路和阀、压载水排放采用泵和重力相结合。

5. 船舶航速设计

传统的船舶设计往往针对设计吃水服务航速或结构吃水最大航速点进行航速设计优化。但在实船营运时，根据不同的船型、不同的货品、不同的航线环境气象条件、以及航运公司不同的经营策略等，船舶的实际营运状态与设计点差别一般都比较大。例如，对于大多数油船，满载航行工况不会超过50%，营运时的主机功率平均在50%MCR以下(MCR为主机最大持续功率)；对于集装箱船，许多时候货品较轻，平均营运工况的载重量约为满载载重量的60%～70%，主机功率根据航运公司经营策略有的也仅为50%MCR。水文气象条件、航道水深等限制条件、船舶的设备及船体表面状态、燃油质量等对船舶的营运工况均有不同程度的影响。

船舶营运时的工况组合(吃水/载重量、主机功率/航速)及其发生的频率称为船舶的营运特质(operation profile)。各种船型、各个航运公司均有各自的营运特质。根据营运特质进行航速设计是一种多工况点的综合优化方法，对营运频率高的工况在优化时给予更大的权重，从而可使得船舶营运时的能效达到最优。这种航速设计方法正在被工业界广泛研究，且必将越来越多地被应用。

二、 其他节能措施

1. 废热回收利用

在柴油机的实际热循环中，燃料的化学能转变为输出机械功的过程十分复杂，整个循环过程是不可逆的，在能量转变过程中存在着机械摩擦、散热、泵气及燃烧不完全等一系列不可避免的损失。综合这些因素，船舶柴油机运行时的能量效率约为30%～50%。其余热量通过排烟、机体冷却水及其他形式带走，其中排气废热约占总热值的40%左右，冷却水带走40%左右，其他形式约20%。因此，采用合适的废热回收利用技术，可有效地降低船舶营运成本，不仅能提高船舶的经济效益，还能起到节能减排的作用。

船舶废热回收利用方法很多，大致可以分为两类。一种是用于加热。如船员生活所需的热水、远洋船蒸馏海水所制造的淡水、寒冷季节的舱室取暖以及油类的加热保温等所需的蒸汽和热水等。另一种用途是用于产生动力，通常是通过废热锅炉产生蒸汽驱动汽轮发电机发电，且并入船舶电网；也有通过废气涡轮增压系统，使进入气缸的空气密度增加，从而增加气缸充气量，使更多的燃油完全燃烧，提高柴油机的功率和热效率。

船舶柴油机废热利用技术已在海船及长江中下游干线营运船舶上有不同程度的应用。但是受川江及三峡库区航道条件及载运货物种类的限制，库区营运船舶上实际应用废热利用技术的水平相对落后。库区蓄水前，长江干线航道重庆至四川宜宾段为天然航道，常年航行于该航段的营运船舶载货量普遍小于1000t，且货运种类多数为干散杂货。受船舶尺度较小及载运货物种类的限制，柴油机废气余热利用技术的应用多数局限于提供生活热水方面。库区建成后，川江重庆段的航道条件大为改善，在库区营运的新建船舶载货量明显增大，且多数具备从四川宜宾至上海的航运能力。由于水路运输在成本、运量及周期方面的优势，更多种类的散装液态货物，如油类、化学品、油脂、焦油沥青等选择水路运输。因此，可以应用多种船舶柴油机废热利用技术。以2004年重庆某航运公司决定设计并建造的用于运输某类散装食用油脂的自航船为例。该船舶能装载1500t～2000t的油脂，单程航次时间约5天。油脂在约32℃温度状态下装船，装船后可自然放热至约20℃，为稳定油脂质量且确保其流动性以利于顺利卸货，要求油脂温度必须维持在20℃左右。

2. 水源热泵技术

在自然环境中，热量的流向是从高温端向低温端，但可以通过热泵，将热量流动方向改变为从低温端流向高温端。热泵是将热量进行提升和改变的工作装置，它利用自身消耗的能量，通过吸收环境中的热量，以增加自身的热量储备，而在一系列的热量传输过程中整个热泵只会消耗极为少量的能量，这就使热泵成为节能的重要工作机械。水源热泵机组的工作原理是：通过热泵将其中的热量吸取出来，传入热泵环流的水中，而加热后的水可以作为进一步传输热量的工具，将热量传入有需求的地方。

水源热泵在使用过程中所应具备的条件：一是稳定足量的水源；二是合适的水温；三是水源含有杂质不易过多。而船舶航行于江河湖泊中，具有水源稳定充足、水温变化较小等特点，目前很多研究者已将水源热泵技术用于船舶(制冷和制热)，尤其是客船(如黄金二号豪华旅游船)，取得了较好的节能效果。随着热泵技术的发展，在船舶上的应用将越来越广泛。

3. 船舶电气节能技术

可考虑岸电电源的利用，扩大连接岸电的接口装置的容量(由300A/180kW增加到800A/600kW)，实现在港口全部用岸电。

4. 新型防污涂料

采用新型防污涂料，可有效地抑制船舶污底的产生，降低船舶营运过程中的阻力，可降低能耗3%～5%。

5. 气膜减阻技术

早在19世纪30年代，俄国和瑞典科学家就提出设想，在运动船舶的船体外表面和水之间，引入空气和排气形成气幕，可以大幅减少运动船舶总阻力。然而，这一设计思想在工程技术实践中却并不容易实现。目前，真正用于实船的仅为俄罗斯等极少数国家。

气泡船(air cavity craft)也有称作空气润滑船(air-lubricated-hull craft)或气浮船(air ride express)的，它是高性能船型中的一种。其工作原理是把空气引入船底，在船底表面形成气水混合的两相流，从降低液体黏性系数的角度来减小艇体的摩擦阻力，达到高速航运的目的。如图 3-2 所示，船舶在船底气孔喷出气泡，形成气泡层，从而减低水阻力。

图 3-2 船底气泡技术船结构示意图

1949 年底，瑞典哥德堡船模试验池的 Edstrand 提出了气膜减阻原理，但由于空气会自由地飘离船体表面，无法形成气膜，试验没有取得成功。20 世纪 60 年代后，各国对怎样锁定气膜进行了深入研究，基本上形成了两种思路。

第一种思路是在平底船上开设一个凹进船底的平面，四周用板材围起来，在船底凹面内通以压缩空气，使大部分气体封存在船底，当然难免还有一小部分气体随船体的移动从船底边缘逃逸出去。这类技术主要应用在低速运输船上，如驳船、货船和大型油船。在我国黑龙江水运科学研究所研究的垫气驳就属于这一类，并于 1982 年在黑龙江航运的驳船上应用成功。在正常运营航速（$v_s=9\mathrm{km/h}$）下，阻力可比原船型减小 30%，而消耗在压缩空气上的功率只占总功率的 3%，节能效果十分显著。

第二种思路是将船底下的一层薄薄的气膜扩展成一个增压气室，最终将演变成侧壁式气垫船，成为另一类高性能船型。20 世纪 80 年代以来，前苏联、法国、美国、澳大利亚、荷兰等国把气膜减阻技术拓展到高速船上，建造了实艇并投入航运。英国、日本、韩国等也相继开展了研究设计工作，但未见到实船下水的报道。气膜减阻技术进入 20 世纪 90 年代，尤以俄罗斯的研究设计工作最为突出，他们将其作为继水翼艇之后的新一代高性能船型走俏国际航运市场。

据克雷洛夫研究院研究成果，利用气泡技术可使大多数滑行艇的阻力减小 20%～40%，而消耗在压缩空气上的功率不会大于总功率的 3%。如果优化艇底形状，减阻效果还可提高到 50%。他们已开发成功的产品有两个型号，一个是内河气泡艇“林达”号；另一个是沿海用气泡登陆艇“岩羚”号。它们的经济性指标已优于常规水翼船和侧壁式气垫船。

发展高速气泡船的关键技术是：深入探讨气膜减阻机理的理论和试验研究工作；船在静水和波浪航行时尽量减小气泡的逃逸量；使气泡均匀稳定地覆盖在船底上；处理好气泡对推进器的不利影响。

6. 降低船舶上层风阻建筑物

船舶上层建筑的空气阻力在风速不大于蒲氏2级的时候约占总阻力的2%～4%，减少这一部分阻力可以有效减少船舶的能耗，提高船舶能效水平。减少上层风阻可以采用以下措施：

(1) 减少船体在横剖面上的投影面积；

(2) 上层建筑物尽量设计成阶梯型；

(3) 建造流线型的上层建筑及烟囱；

(4) 在上层高大建筑物背面布置小的建筑物。

第三节　船舶新能源的应用

一、天然气

目前，船舶所采用的气体燃料主要是天然气。天然气的主要成分是甲烷，此外还含有少量的 H_2、CO、H_2S 可燃气和 N_2、He 等惰性气体。天然气的自燃温度远高于汽油和柴油，达到自燃着火点的可能性比汽油、柴油小得多。天然气比空气轻，稍有泄漏，很快会扩散到大气中，不易形成着火极限浓度。

天然气辛烷值较高，抗爆性能好，能承受较大的压缩比，点燃式和压燃式发动机上均适用。天然气本身是一种清洁燃料，与空气很容易生成均匀混合气，高负荷时 NO_x、CO 和 HC 排放较传统柴油机显著降低；天然气不含有硫，因而避免了 SO_x 排放，PM 排放也显著下降；由于天然气含碳量相对较低，天然气发动机产生的 CO_2 排放也有明显减少。

天然气作为船用燃料，主要涉及储存、供应、利用等关键技术。

1. 天然气储存

天然气在船上的储存方式主要有两种：一种是直接对其进行高压压缩(20MPa～30MPa)并储存在特制的压力容器中，称为压缩天然气(CNG)；另一种是采用低压和低温(－160℃左右)对天然气进行液化后储存，称为液化天然气(LNG)。由于LNG能量密度高、占用体积少，所以船舶上应用的主要是LNG。

LNG燃料在船上的应用首先要解决的问题便是深冷液体LNG的安全储存。IMO《国际散装运输液化气体船舶构造和设备规则》(IGC规则)将液化气体货舱分为独立型、薄膜型、半薄膜型、整体型等，LNG 燃料舱采用了 LNG 液货舱的分类方法。在这些舱型中，适用于 LNG 介质的主要有独立型和薄膜型两类，独立型液货舱分为 A 型、B 型和 C 型。国内外现有 LNG 燃料动力船几乎全部采用真空绝热型 C 型燃料罐。随着 LNG 燃料动力船大型化，A 型、B 型，甚至薄膜型燃料舱将会得到广泛的应用。

目前，真空绝热型 C 型燃料罐一般应用于低压供气系统（供气压力小于 1MPa），向低压气体燃料发动机供气，供气模式可分为“自增压供气型”和“非自增压供气型”，LNG 从燃料罐内压出/泵出后，经气化、加热、调节，直接供向发动机；对于高压气体燃料发动机，为达到较高的供气压力（30MPa 左右），低温高压泵配合高压气化器、加热器是较为经济、合理的选择。

对于 C 型燃料罐，为降低罐体 LNG 泄漏带来的危险，一般采用“全容罐”设计。全容罐具有内罐和外罐，内、外罐均能储存 LNG，内罐容纳正常工作状态下的 LNG，外罐既能容纳内罐可能泄漏的 LNG，又能控制蒸发气（BOG）的排量（图 3-3）。“全容罐”理念体现在设计和布置上主要有两点：其一，采用双层不锈钢结构；其二，设置“冷箱”，将低温阀件、管路、气化器等包围其中，冷箱为气密结构，需进行强制通风，冷箱与船体甲板之间采取绝热措施。

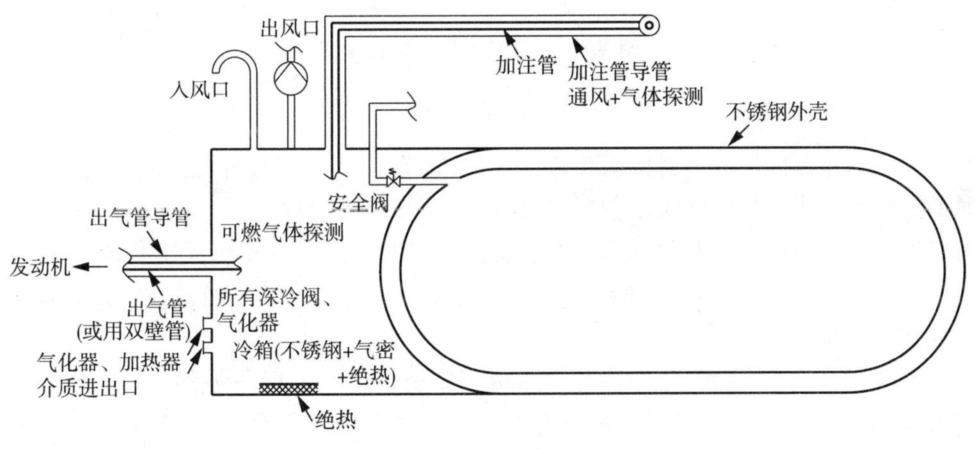

图 3-3　船用 LNG 全容罐示意（舱内罐）

2. 热交换器

热交换器是把热量从一种介质传递给另一种介质的设备，在 LNG 燃料动力船上的主要作用是加热 LNG 使其气化并供给发动机使用。对于 LNG 供气管路而言，热交换器包括气化器/蒸发器、加热器。

目前船舶 LNG 动力系统中常用的主要有空气加热型气化器和管式热交换器。空气加热型气化器通过换热管道从大气中获得热量而气化 LNG，但由于加热能量较小，同时受环境条件影响太大，在 LNG 系统的应用受到一定的限制。管式热交换器又分为水加热型、中间介质传热流体型和蒸汽加热型。

为精确控制供气温度，现有LNG动力船舶多采用以水-乙二醇溶液为中间介质的二级换热器(见图3-4)。这种换热器的可靠性好，不受天气条件制约，二级换热可以确保发动机的进气温度。第一级用于LNG的液化，称为蒸发器；第二级用于CNG的加热，一般称为加热器。加热系统属于闭式加热系统，即利用发动机冷却水(或其他热源)加热水-乙二醇溶液，再利用水-乙二醇溶液再加热LNG。

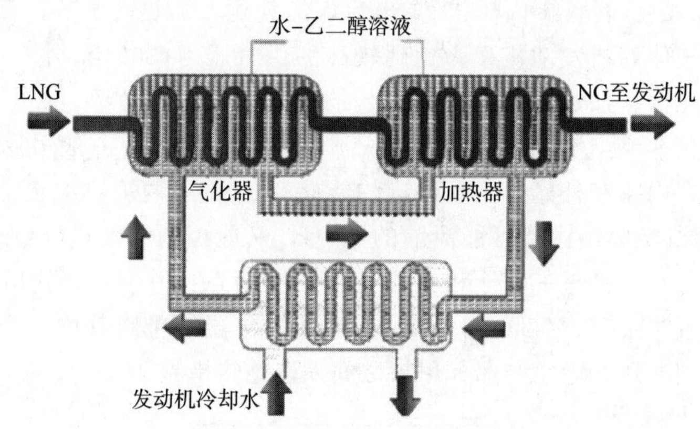

图3-4　水-乙二醇二级换热器

3. 天然气发动机

天然气作为内燃机燃料使用开始于20世纪30年代，但当时受到天然气存储技术的限制而未能得到广泛应用。到20世纪70年代，随着技术和制造工艺的进步，天然气逐步应用在汽车发动机上，以电子控制技术为核心的发动机技术日益成熟，促进了天然气发动机的技术进步，使天然气发动机的动力性、经济性、排放性等各项性能不断提高。

目前，天然气发动机已经越来越多地应用在船舶上。船用天然气发动机可分为天然气/柴油双燃料发动机和单一气体燃料发动机两种型式，着火方式主要包括火花塞点火和柴油引燃式，其中，双燃料发动机一般采用柴油引燃，单一气体燃料发动机通常采用火花塞点火。

近年来，世界主要船用柴油机厂商对船用天然气发动机研发给予了高度重视，芬兰的瓦锡兰、德国的MAN B&W、美国的Caterpillar、英国的罗尔斯-罗伊斯(简称罗-罗)等公司在气体发动机的研制与开发上都取得了很大成绩。产品主要以四冲程为主。

在二冲程机方面，早在1994年MAN B&W公司就制造了第一台双燃料发动机12K80MC-GI，其燃油和燃气喷射都是由机械系统控制完成，后来在此基础上于2005年推出了ME-GI电控双燃料发动机。瓦锡兰在2011年9月也成功测试了其新研制的二冲程低速双燃料发动机 RT-flex50DF。

典型双燃料发动机的燃料供给系统如图 3-5 所示，具备如下功能：①实现天然气喷射量的精确控制；②实现引燃油量的精确控制；③实现不同负荷工况下燃料比例的分配；④实现燃油模式和燃气模式的顺利切换。

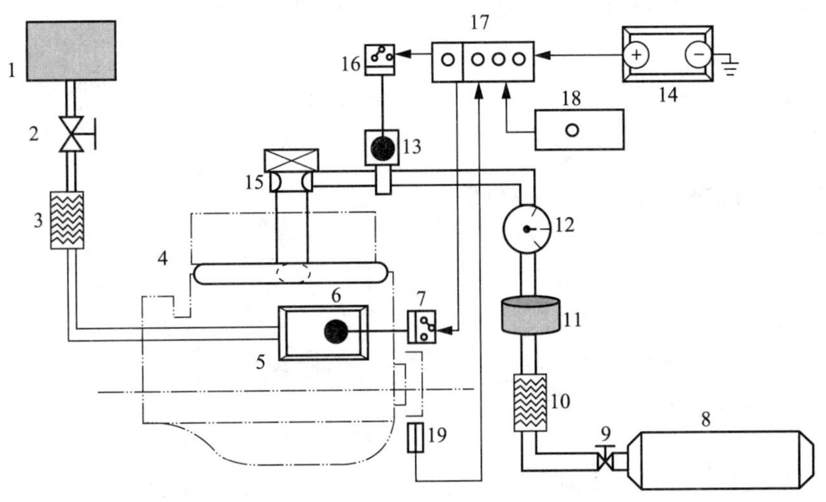

1—柴油柜；2—截止阀；3—柴油过滤器；4—发动机；5—高压油泵；6—油量调节机构；7—油量调节机构驱动机构；8—LNG 燃料罐；9—截止阀；10—气化器；11—天然气减压装置；12—天然气流量计；13—天然气流量调节阀；14—蓄电池；15—混合器；16—天然气流量调节阀驱动机构；17—电子控制单元；18—油门机构；19—转速传感器。

图 3-5 常用双燃料发动机燃料供给系统示意图

目前，我国内河船舶正在进行“油改气”工程，绝大部分都是在船上直接将柴油机改装成油-气混烧发动机。油-气混烧发动机技术的关键是对燃油量和天然气供给量进行控制，使两者在不同的工况下达到合适的匹配，以满足发动机动力性、经济性和限制排放的要求。改装后的发动机在油-气混烧模式下运行时，仍然依靠机械调速器控制柴油来调速，燃气控制系统只是控制燃气的替代量，不参与调速。当负载发生变化时，首先通过调节柴油喷射量来维持转速稳定，然后电控系统根据内部预先设定好的“全程转速范围内的最低燃油位置曲线”生成当前转速下期望的燃油供应量，再通过逐渐提高燃气供应量，从而使燃油量逐渐逼近期望值。同时，电控系统会监测排气温度、冷却水温度、增压器压力、燃气压力、燃气温度等信号，基于预先标定的 MAP 图[①]，根据当前的转速及燃油拉杆位置计算出燃气在当前工况下的燃气供应最高限制值，从而对燃气的供应量进行控制，避免由于

① MAP 图是指发动机在各种工况下的点火控制曲线图。

替代率过高而出现爆震等不利情况。根据台架测试结果，这类油-气混烧发动机气体燃料替代率最多可达到80%左右。

油一气混烧发动机采用的技术较为简单，没有针对气体的特点对原发动机设计进行优化，所以在燃烧效果、排放效果等方面并不能充分体现气体燃料的优势。国外的双燃料发动机是指具有燃油和燃气两种模式的发动机，在气体模式下，仅靠微量的引燃油对气体/空气混合物进行点火，这种发动机针对气体的特点进行设计，所以燃烧、排放效果很好。我国目前也正在积极研发"微引燃"型双燃料发动机，而且可以预见，最终将向纯气体燃料发动机发展。

二、 其他新能源

1. 风能

风能是一种无污染、可再生资源。随着现代科学技术的不断发展，人们对于风能的利用获得了相当丰富的经验，风能设备的研发和相应产品的生产也较为成熟。但是，风能利用还存在着一些难以彻底消除的缺点，如不连续性、噪声大、受地域影响等。

全球范围内分布着比较丰富的风力资源，将风能应用在船舶上逐渐成为人们研究的热点。由于船舶的可移动性以及自身结构等因素，风能在船舶中的应用主要有风力发电和风帆助航两种形式。但目前风能在现代船舶上的应用主要还是以风帆助航的方式出现。风帆助航可为两种情况：一种是以风力作为主推力，柴油机动力装置为辅助推进作用；另一种是以风力用作辅助推进力，柴油机动力装置作为主推力。不难发现，前者节能效果更明显，但受气候因素的影响比较大，一旦遭遇大风，安全性不如后者。对于内河船舶，可以考虑采用前者。根据风帆助航的特点，应选取稳性富裕度大，甲板空间较大，便于风帆布置的船型，如散货船、油船等。

风帆技术在船舶上的应用较为成熟，现阶段风帆助航形式有普通的风帆和天帆(风筝帆)，且风帆形状各异。研究表明，圆弧型风帆具有良好的空气动力性能，制造容易，操纵简单，更适用现代船舶应用。从风帆结构形式考虑，一般选用翼帆，其推力大，效率高，占用动空间小，主要作为辅助动力应用在船舶上。表3-2中给出了几种帆型的优缺点。

表3-2　三种风帆类型的优缺点比较

类型	优点	缺点
天帆	占用甲板面积小，可利用的风速较高	可利用的风向范围较窄，帆的总面积不大，收放时间较长
转筒帆	空气动力学性能好	占用甲板面积较大，本身消耗能源，与船舶安全行驶视线冲突
硬帆	应用较多，技术相对较成熟，相关实验研究较全面	占用甲板面积较大

早在20世纪60年代，德国就开始研究大型风帆助推运输船。1980年，日本生产了“新爱德丸”号，它是世界上第一艘用现代帆具助推的船舶，船上装有两面可卷折的风帆及提供辅助动力源的低速柴油机一台。与普通动力船相比，这艘风帆船可节省50%的燃料消耗。2008年，德国公司设计生产的世界上第一艘风筝动力船“白鲸天帆”号成功完成12000n mile的航程，该船除了装配有常规的动力系统外，还安装了一个状如降落伞、面积达160m^2的巨型风筝。水手可以把巨型风筝放飞到高空300m处，借助风力拖动船只，其优点是利用大气上层强劲而稳定的风力，根据风力情况可节油10%～35%，最理想情况下可节省50%的燃油消耗，且极大地降低CO_2排放。缺点则是航速过快、逆风行驶或遇到飓风时风帆不可用，只能依靠燃油动力。挪威一家船舶设计公司提出零污染E/S Orcelle未来船，现正处于研制阶段，将在2025年完成并面世。该船不配备发动机，不消耗燃料，主要以太阳能、风能、海浪能推动船舶运行，不会产生任何污染排放物。该船上的鳍状物将海浪的能量转化为船体所需能量；风能通过3个帆板实现能量转换；帆上配备的太阳能电池板将太阳能转化为所需能量。利用三种方式转化后的能量，可使该船航行速度达到15节。船上还配备了大容量的能量存储装置，以备不时之需。

相对而言，国内针对风帆助航船的研究起步相对较晚。1985年，200t圆弧型翼帆助推船达到50%以上的节能效果；同年8月，在80t货船上安装翼型帆，在3～4级风速中，船速提高了1.41km/h，可节油42.2%。上海船舶运输研究所于20世纪90年代研究设计并制造过一条风帆运输船。

风帆助航为解决石油危机、保护环境提供了新的方向，前景十分诱人。但要在船舶上加以应用，还要面对诸多问题。由于风帆的特性、使用条件、技术成熟度等方面的原因，目前采用风力助航的船舶还十分稀少。风力助航的局限性体现在：一是智能风帆应用条件苛刻，仅适应海面上100m～300m之间的气流，如遇到“顶头风”则无用武之地，且船速不能超过每小时16海里等；二是靠风力提供动力可能让航行增加不确定因素，必须严守时间的船运公司可能不愿冒这样的风险；三是新型智能风筝造价很高，一般都要在66万美元～330万美元之间；四是风力助航船对风向和专业操作者要求高，在一定程度上影响智能风筝的推广。在内河，由于航道、气象、成本等方面的限制，目前尚无风力助航船舶。其主要面临的问题有以下5个方面：

(1) 安全问题

任何高新技术应用于船舶之前，必须在安全方面得到充分的验证。风帆受气候因素的影响较大，一旦遭遇飓风，安全性会降低，而且可能面临倾覆的危险。另外，风帆应当有应急释放机构，以便在危险情况下将风帆抛弃。

(2) 帆、机、桨之间的匹配

风帆所产生的推力可以产生两种节能效果：一是保持船舶航速不变，让主机负荷随着风力和风向的变化而变化；二是保持主机输出功率不变，让船舶航速随风力和风向的变化而变化。对于前者，由于风速的不稳定性，产生的能量大小不稳定，当风力较大时，主机承受的负荷会很低，而柴油机长期低负荷运转是不利的，这时为保证螺旋桨获得最佳推进效率，最好采用调距桨或电力推进方式，实现帆—机—桨之间的最佳匹配控制，以获得最理想的节能效果。而对于后者，则会因风力的偶然性变化造成船舶航期的不确定，给运营带来一定影响。

(3) 风帆的形式

尽管风帆助航船舶所采用的风帆形式各异，但风筝船和硬帆船是风帆助航的两种主要形式。各国研究机构都在致力于找出何种形状的风帆能产生较大的推力并适用于现代船舶，目前还没有相关机构能够给出完全使人信服的结论。然而，随着德国研制的"白鲸天帆号"风筝帆船的下水及实船试验，在一定程度上表明圆弧型风帆的空气动力性能比较优良，制造和操纵也简便易行，似乎最适用于现代船舶。

(4) 风帆对船舶姿态的影响

风帆产生的力，既会使船舶前进，但也会产生左右或上下的力，这必然给船舶的航行姿态带来重大影响。进行加帆改造之前必须进行充分论证。因为安装风帆以后，船舶的稳性、偏航及主机输出功率等各种性能都会发生改变，风帆所增加的倾侧力矩对船舶的稳性、浮态和操纵性的影响都需要进行研究。所以在船舶安装风帆以前必须对这些性能变化进行分析计算，为船舶安装风帆进行性能分析及经济性论证提供可靠的依据。同时，对于船舶是否安装辅助风帆，还要根据船舶的作业性质、航行水域及出港周期等进行充分的经济性论证。

(5) 航区和航向的选择

为了获得风能增速航行，往往需要变向、倾侧航行，船舶可能偏离预定航线，从而增加航程和航行时间。这就需要在不影响船期、不增加主机燃油消耗的前提下，对利用风力后的收益和偏离的航程后的花费作一下优化设计。

尽管风帆助航技术的应用还有很多问题需要解决，但在全球节约能源和保护环境的大背景下，其能量利用方便、对船舶的助推力足够大、投入相对较低等优点，是燃料电池、太阳能等其他新能源所不具备的。

2. 太阳能

太阳能作为一种可再生能源，具有巨大的开发潜能。太阳每秒可释放出 391×10^{21} kW 的能量，其中辐射到地表的能量占 22 亿分之一，相当于全球发电总量的 8 万倍。因此太阳能是开发研究价值最大的清洁能源。同时，太阳能又是一种低能量密度的能源，太阳辐射能的大小受到日夜和气候变化的影响。

目前，太阳能的利用主要涉及两个方面的技术，即光热技术和光伏技术。光热技术是利用太阳光的热辐射，其应用最为成功的领域是太阳能热水器。该项技术的进一步延伸是太阳能热发电，即利用集热器把太阳辐射热能集中起来给水加热产生蒸汽，再通过汽轮机、发电机来发电。光伏技术是对太阳光中的短波辐射能照射于硅质半导体上所产生的电能进行调制后加以利用，亦称为光生伏打效应。随着太阳能光伏技术的深入发展，其效率、可靠性和稳定性均有了很大的提升，从最初的单纯技术研究逐渐转向实际应用领域。因此，太阳能船舶可通过布置在船舶上的太阳能电池板等装置进行能量收集，随后转换成光伏电能直接应用于电气设备或储存起来。太阳能在船舶中的应用主要以太阳能光伏发电系统为主，也可根据需要使用太阳能光热技术。

太阳能在船舶营运过程中，不会产生任何环境污染附加物，是最清洁的能源之一，其在船上的应用主要体现在两个方面：

一是作为辅助能源，主要应用在船舶的照明系统、驾驶系统、空调系统等方面。大中型船舶有相对较大的上层空间和甲板面积，船舶稳性和抗风浪性较好，有条件装备相当数量的太阳能电池板及其设备。虽然一次性投入高于柴油发电机组，但太阳能装置使用寿命较长，节能环保，不消耗燃料，日积月累，效益可观。

二是作为主要推动能源或者主要能源之一，与其他能源一起推动船舶前进，一般用于小型船舶，特别是旅游观光船、游艇、短途渡船等。这类船舶排水量小、航速要求不高，航程较短，动力配置不大，主机为直流电动机，可以将太阳能作为主机动力能源或主机动力能源之一。由于太阳能发电受光照变化影响大，对完全依靠太阳能提供电能的动力装置，需配备足够数量和容量的蓄电池(必要时辅以燃料电池)，确保航行和续航力需要。

太阳能利用技术不仅是世界各国的研究热点，而且各种太阳能利用技术已经在实船上应用。早在20世纪80年代，日本松下股份有限公司成功研制出一艘太阳能小艇，天气晴朗时该小艇可在海上航行，每天可发出7kW・h的电力。1997年，瑞士有两艘太阳能客运船投入使用。其中一艘客船由覆盖在船顶的14m^2的太阳能电池组件作为驱动动力，另一艘则由1.8kW的光伏阵列驱动，可有效承载60名乘客。2000年，世界第一艘商用太阳能/风能混合动力的Solar Sailor号双体客船(见图3-6)在澳大利亚悉尼水域试航成功。该船太阳能和风能既可单独使用又可同时使用。2008年8月，日本邮船株式会社与新日本石油公司合作在旗下一艘船长200m，排水量达60213t的滚装船“御夫座领袖(Auriga Leader)”号上装上太阳能光伏系统，该系统电能输出功率为40kW，能满足该船6.9%的照明需求或0.2%～0.3%的动力需求。2010年2月，世界最大的全太阳能动力船“Turanor Planet Solar”号在德国基尔下水。该船长31m、宽15m、重60t，船体上方安装有809块共约500m^2的太阳能板，最高船速为14节。

图 3-6 澳大利亚 Solar Sailor 号双体客船

我国政府也高度重视太阳能船舶研发。我国第一艘太阳能船舶是 2007 年 11 月由沈阳泰克太阳能应用有限公司研制的“001 号”太阳能旅游船，该船 2008 年获得辽宁省船舶检验局颁发的内河小船检验证书，于 2008 年 3 月获得国家专利。目前，沈阳市有 5 艘这样的太阳能旅游船在旅游景区“服役”。船体长 6.2m、宽 1.9m、可载 9 人，时速可达 10km 左右，在大于 4 级风的条件下可持续航行 6h。2010 年 6 月 5 日，为上海世博会开发的太阳能动力游船“尚德国盛”号首航。该船船长 31.85m，总宽 9.8m，高 7m，吃水深度 2.35m。装有太阳电池 70 片，电能输出功率最高 20kW。该船是国内第一艘采用太阳能、锂电池及柴油机发电机组多种能源混合供电的船舶。在不同的日照情况下，船体行驶所使用的动力可通过控制系统在太阳能和柴油机组间进行自动调配，时速可达 8.1 节，节省电力和减排均达到 30%以上。2012 年厦门筼筜湖太阳能－磷酸铁锂蓄电池双体游览船正式投入使用，该船船长 15m，宽 6m，乘员定额 12 人。顶棚甲板安装 $90m^2$ 的柔性单晶硅太阳能电池板，同时在码头上的岸电充电桩。左右两个片体各配备 4 组 48V、200A · h 的磷酸铁锂电池作为蓄能装置。左、右片体上各装有一台 48V、7.5kW 的电机作推进电机。最大输出功率为 7.5kW，最大航速为 7.0 节。电池在充满后，可供船舶连续航行 8h。

2013 年后，国家加大太阳能在船上应用的研究力度。工信部先后开展两个太阳能在大型船舶应用的研究课题，其中之一由武汉理工大学、中国船级社等 5 家单位共同承担的高新船舶项目——太阳能（蓄电池储能）在大型滚装船上应用技术研究。该课题以中国远洋公司的“中远腾飞”轮为载体，实施实船应用。一期工程采用离网型太阳能系统，安装 $1000m^2$ 约 150kW 单晶硅太阳能板，同时配备 2040 块 3.2V、100A · h 的磷酸铁锂电池做蓄能装置，在日照 5h 的情况下，可以完全满足整个 12 层车舱的照明。二期工程拟采用并网型太阳能系统，与船主电网并网发电，向全船负载供电。该船已与 2014 年 3 月完成一期工程的安装调试，截至目前，整个太阳能光伏发电系统运行正常。目前，二期工程的实施方案已大部分安装完成，等船舶到达国内后进行联调。

由于目前太阳能电板价格高、船上布置太阳板和日照时间受到限制等因素，太阳能技术尚未能实现在船舶上的大量使用，更多的是用做船舶的辅助能源，提供照明、空调用电等，因此，太阳能在船上对石油能源的替换率尚较低。

3. 燃料电池

燃料电池(fuel cell)是一种将存在于燃料与氧化剂中的化学能直接转化为电能的发电装置。燃料电池的原理是一种电化学装置，其组成与一般电池相同。单体电池是由正负两个电极(负极即燃料电极和正极即氧化剂电极)以及电解质组成。不同的是一般电池的活性物质贮存在电池内部，从而限制了电池容量。而燃料电池的正、负极本身不包含活性物质，只是个催化转换元件。电池工作时，燃料和氧化剂由外部供给，进行反应。原则上只要反应物不断输入，反应产物不断排除，燃料电池就能连续发电。

依据电解质不同，燃料电池可分为碱性燃料电池(AFC)、磷酸型燃料电池(PAFC)、熔融碳酸盐燃料电池(MCFC)、固体氧化物燃料电池(SOFC)及质子交换膜燃料电池(PEMFC)等。燃料电池涉及化学热力学、电化学、电催化、材料科学、电力系统及自动控制等学科的有关理论，具有以下特点：

(1)能量转化效率高

燃料电池不是通过燃料燃烧发电，因此它的理论效率并不受卡诺循环(热力学第二定律)的限制。燃料电池的转换效率(从燃料输入到电能输出)，一般可达到40%～50%；如果系统与发电热机同步联合使用，系统效率可达60%～70%。由于燃油耗费所占船舶运营成本比例非常大，所以燃料电池用于船舶推进系统，将会大大降低燃料费用，从而大大降低船舶运营成本。

(2)排放低

在燃料提取器中去除了大部分有害成分，氮氧化物的排放比传统热机小得多，而且CO_2排放也比传统热能机器小，无机械振动。这类燃料电池可用于拖轮、海运船舶、渡轮和海上供给船等沿岸航行、频繁进出港口等对气体排放要求高的船舶。

(3)噪声低

燃料电池本身没有运动部件，只有辅助部件或设备例如泵、风扇、增压机等发出声音。这个特性对于噪声要求严格的船舶(如勘探船和客船)相当重要。

(4)布置方便

燃料电池以组件形式制造，布置灵活，燃料电池电站占地面积小，建设周期短，电站功率可根据需要由电池堆组装，十分方便。燃料电池无论作为集中电站还是分布式电站都非常合适，船舶电力布置和货舱空间及结构得以优化。

(5)燃料选择多样化

燃料电池可使用多种燃料，例如纯氢气、天然气、甲烷、石脑油、液态碳氢燃料、煤气等，甚至生物油，可减少对于传统热机使用的昂贵燃油的依赖。

(6)负荷响应快，运行质量高

燃料电池在数秒内就可以从最低功率变换到额定功率，而且电厂离负荷可以很近，从而改善了地区频率偏移和电压波动，降低了现有变电设备和电流载波容量，减少了输变线路投资和线路损失。

燃料电池的产生由来已久，早在1839年，英国科学家就研制出第一个燃料电池，主要是利用氢气作燃料产生电能。但由于价格极其昂贵，仅在航空航天上有所应用。近十几年来，燃料电池技术取得了突破性的进展，燃料电池技术，尤其是氢燃料电池，在汽车、飞机、船舶中均有应用。过去几年里，国外各种燃料电池的研制和应用，大多集中于汽车行业，船舶制造业紧跟其后，已研制出第三代PEMFC动力潜水艇，已形成了将综合电力推进系统应用于船舶的趋势。我国第一艘燃料电池船是上海海事大学研制的“天翔1号”试验船，可乘坐2～4人，用来旅游、科学考察、运输等，该船的电池功率为2000kW，推进器功率1470kW，可以14km/h的时速连续航行5h，航程达70km。

然而，船用燃料电池目前还存在一些技术问题，体现在：

(1)功率密度

目前，燃料电池只能和低中速柴油机相比，尚不能与高速燃气透平和高速柴油机竞争。因此，燃料电池还不能应用于功率密度要求较高的船舶(如高速渡轮)。

(2)燃料

氢是燃料电池的首选燃料，因它在初级能源中机动性最高，使用氢作为燃料电池的燃料能对局部环境的影响为零。与普通船舶燃料相比，氢的造价要高得多。

(3)燃料的储存

燃料电池的燃料，纯氢最好但价格高，目前很多使用液态燃料(例如烃类、甲醇、乙醇)。在船舶上找到安全、实用的方式来储存含氢燃料还相当困难。

(4)法规限制

国际海事组织的SOLAS公约规定，船舶不能使用可燃气体作为燃料(油轮例外)，而燃料电池的燃料就是氢气或富含氢气的可燃性气体。

氢燃料电池是以氢作为燃料、氧作为氧化剂，通过化学反应来产生电流的一种储能装置。如果将氢燃料电池作为太阳能动力船舶的储能装置，则太阳能制氢和储氢技术是关键。太阳能制氢技术可分为直接分解水制氢、热解水制氢、光伏发电分解水制氢等多种方式；储氢则需要采用耐压容器或者氢化合物。若以太阳能光伏装置作为太阳能动力船舶的能量接收装置，则应该采用光伏发电分解水制氢技术，有研究者将这种太阳能动力系统称为“太阳能-氢能”系统，同时进行了关于“太阳能-氢能”系统的探究。“太阳能-氢能”系统的工作原理如图3-7所示。由该图可知，制氢与储氢装置在太阳能接收装置和耗能装置之间起到了桥梁的作用，可有效克服太阳能的低能量密度、有地域性和时间性限制的缺点。

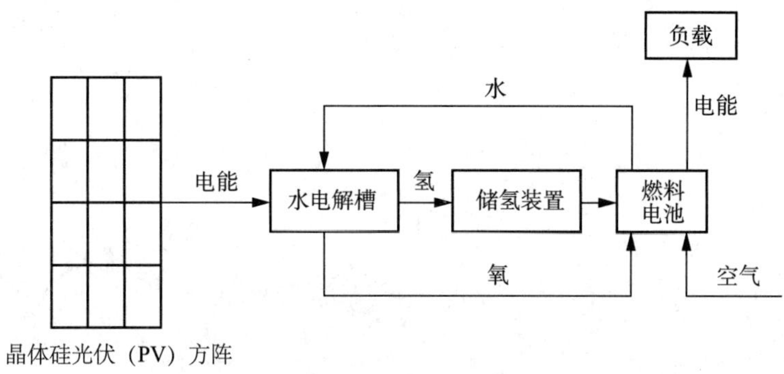

图 3-7 “太阳能-氢能”系统工作原理示意图

目前燃料电池功率还比较小，造价昂贵，在民船领域应用还停留在尝试阶段。随着燃料电池本身技术的发展和成熟，以及制氢、氢的运输及储存等配套技术的发展，燃料电池在船舶上的应用将会迎来一个光明的时期。

第二篇

船舶能效国家标准解读

第四章 节能型船舶能效设计指数基准线值

第一节 绪论

一、 标准制定背景

《中华人民共和国车船税法》和《中华人民共和国车船税法实施条例》均于2012年1月1日起实施，并明确规定对节约能源船舶实行减半征收车船税的政策。但如何判定某一艘船舶是否属于节能型船舶，尚还没有明确的依据。由于汽车和船舶同属于交通运输装备，有着一定的相同点，但也有一定的差异。相比较而言，汽车的通用化程度较高，便于统一标准，而船舶个性化程度较高，个体差异较大。

在制定节能型船舶的标准前，课题组对节能型汽车的认定标准进行了一定的研究。根据拟定中的《节能与新能源汽车产业发展规划(2012－2020年)》有关规定，节能汽车是指以内燃机为主要动力系统、综合工况燃料消耗量优于下一阶段目标值的汽车。节约能源的汽车按车辆品种可分为乘用车、商用车和其他车辆。其中，乘用车中的纯电动汽车和燃料电池汽车不属于车船税的征收范围，不需要再将其纳入减免车船税范围目录。

对于节约能源汽车的认定标准，汽车行业主要以平均燃油消耗量为依据。以节能型乘用车为例，主要规定为：(1)获得许可在中国境内销售的燃用汽油、柴油的乘用车(含非插电式混合动力乘用车和双燃料乘用车)；(2)综合工况燃料消耗量优于下一阶段目标值。财税[2012]19号文(3)已通过汽车燃料消耗量标识备案。

对于汽车而言，其主要的能源消耗就是燃油，使用平均燃油消耗量即可以作为评价汽车是否节能的标准。而船舶的能源消耗的种类较多，能源消耗量大，仅使用燃油消耗量很难评价船舶是否节能。2011年7月，IMO MEPC第62次会议以投票方式通过了《MARPOL73/78公约修正案-MARPOL附则Ⅵ中引入船舶能效条款》，于2013年1月1日正式生效。综合考虑国际上对船舶能效的评价，为了更好地界定节能型船舶，拟采用船舶能效设计指数(EEDI)作为衡量的标准。为此，决定制定《节能型船舶能效设计指数基准线值》标准，以作为认定节能型船舶的依据。

二、 标准制定过程

在工业和信息化部和国家标准化管理委员会的领导和组织下，本标准编制工作于2012年年初在北京启动，并于2012年4月16日在北京召开了第一次工作会议，确定了编制组成员单位和编制计划，对标准框架和主要技术内容进行了初步研讨。最初项目立项和下达的计划名称为《船舶能效设计指数基准线值》，以便与IMO的能效基准线值保持一致，通过明确实施阶段来确定节能型船舶的能效基准线值。在第一次工作会议前，各单位就分别搜集了相关的国际公约、国内外标准、规范等资料，如IMO的《MARPOL73/78公约修正案-MARPOL附则Ⅵ中引入船舶能效条款》、中国船级社的《绿色船舶规范》《内河绿色船舶规范》等技术资料，为讨论奠定了基础。

2012年5月17日～18日，标准编制组在上海召开了标准编制工作会，对该标准进行了认真研讨。工业和信息化部装备工业司、中国船级社、中国船舶工业集团公司第七〇八研究所、中国船舶重工集团公司第七〇二研究所、上海船舶设计院、长江船舶设计院等9个单位的15名代表与会。会上，各位代表对术语和定义的准确性、基准线值的确定方法和数据准确性、船舶能效等级的分级方法等进行了热烈讨论，逐词逐句对标准文稿进行了修改，形成了标准征求意见稿初稿。会后，编制组成员对技术内容再次修改和确认，并起草了标准征求意见稿编制说明。

2012年6月20日，全国海洋船标准化技术委员会以[2012]海船标技委秘函002号《关于对〈船舶能效设计指数基准线值〉等5项国家标准征求意见稿征求意见的函》发往全国27个单位征求意见。同时还在国家标准化管理委员会官方网站上公开征求意见。截至2012年7月20日，共收到8个单位回函。网上公开征求意见的有一个单位回函。经汇总，共有3个单位提出意见共7条。

2012年8月8日～9日，编制组在北京召开了第二次工作会议。与会人员经过认真讨论研究，对各单位回复的意见进行了逐条处理。编制组还对标准文本进行了重新整理，形成了标准送审稿。

2012年8月23日，全国海洋船标准化技术委员会在上海组织召开了标准审查会，对本标准送审稿及相关材料进行了认真审查。一致同意通过本标准的审查，并建议标准编制组按照审查会上所提意见修改后上报审批。

2012年10月19日，针对能效分级问题，部分编制组成员在上海召开了小范围编制组会议，再次对基准线值及其分级方法进行了讨论确定。根据审查会及会后重新计算核对、比较分析和讨论，最终确定了相关的指标和方法，形成了标准报批稿。

在标准报批公示期间，部分专家提出国内航行海船和内河船的通过率太高、个别船型的通过比例甚至高于国际航行海船，与船型好坏的实际情况不符。究其原因，主要是内河船多为小船，样本比较集中，在坐标图上靠近纵轴，拟合的EEDI曲线存在一定瑕疵。为此，在工业和信息化部装备工业司的指导下，编制组组织专家在北京、上海等地召开了多次研讨会，具体讨论相应的协调处理事宜。

2013 年 5 月 6 日，编制组在上海再次召开研讨会。经过研究，为更直接的体现节能型船舶的要求，决定将标准名称确定为《节能型船舶能效设计指数基准线值》，对标准中的相关基准线值的指标要求按照节能型船舶的定义进行修正，删去能效分级的相关要求，最终形成了标准报批稿并再次在国家标准化管理委员会网站上公开征求意见。

2013 年 7 月，全国海洋船标准化技术委员会秘书处对该标准组织了函审。截至 2013 年 8 月 8 日，共收到 10 个单位和专家的回函，其中 7 个单位回函为同意，3 个单位回函为同意并附意见。经过整理，共计有意见 4 条。编制组对这 4 条意见通过邮件进行了充分沟通和讨论，给出了处理意见，并按照处理意见对标准文本进行了相应的修改，形成了标准报批稿，最终上报国家标准化管理委员会审批。

2013 年 10 月 10 日，GB/T 30008—2013《节能型船舶能效设计指数基准线值》正式发布，并于 2013 年 11 月 1 日起实施。

第二节　标准适用的船型

> 本标准适用于 400 总吨及以上且在表 1 所列的 12 种国际航行海洋运输船舶、表 2 所列的 3 种国内航行海洋运输船舶和表 3 所列的 6 种内河运输船舶，不适用于这些船舶类型中具有柴油-电力推进、透平推进或混合式推进系统的船舶。

本标准在范围中明确了标准适用的船型，主要包含以下 3 个方面的含义：

(1) 船舶的总吨在 400 及以上

为衡量船舶 EEDI 是否满足要求，IMO 以英国 Fairplay 数据库现有船舶样本为基础，按 50%符合率(即现有船舶约有 50%能通过)进行回归，提出了不同船型的基准线值，为持续推动船舶提高能效，降低排放，IMO 采取折减系数的方法，确定不同阶段的 EEDI 限值，表现为：

$$\text{Attained EEDI} \leqslant (1 - x\%) \times \text{RLV}$$

式中：

Attained EEDI——船舶达到的能效设计指数；

RLV——船舶 EEDI 基准线值；

x——EEDI 基准线值的折减系数，根据时间段和船舶尺度选取。

而这些样本的船舶总吨基本都在 400 总吨以上。标准中 EEDI 基线的数值主要来自于 400 总吨及以上的样本统计与拟合。针对内河航行船舶，在确定节能型船舶的 EEDI 线值时，发现 400 总吨以下的内河船离散性非常大，同一吨位船舶的 EEDI 值可以相差 10 倍，导致拟合的 EEDI 曲线存在严重瑕疵。因此，在拟合形成节能型船舶的曲线时进行了剔除。目前本标准所适用的船型主要为 400 总吨及以上船舶。

(2) 适用船型基本覆盖了目前我国的主流船型

由于国际航行海洋运输船舶、国内航行海洋运输船舶和内河运输船舶在 EEDI 的基线数值上有较大差异，通过样本选择所拟合的基线差异较大，因此将适用的船型按此分为三类。江海直达型船舶兼有内河航行船舶和海洋航行船舶的特点，通常海洋运输船舶的要求会高于内河航行船舶，因此江海直达的船舶归入国内航行海洋运输船舶。每一类涉及的船型见表 4-1。

表 4-1 GB/T 30008—2013 所适用的船舶类型

序号	类别	适用的船舶类型
1	国际航行海洋运输船舶	散货船、液货船、集装箱船、气体运输船、杂货船、冷藏货船、兼用船、客船、客滚船、车辆滚装船、滚装货船、近海供应船
2	国内航行海洋运输船舶	散货船、液货船、集装箱船
3	内河运输船舶	散货船(A 级航区和 B、C 级航区)、集装箱船、液货船、客船、客滚船、滚装货船

对于内河船舶的散货船，因航区不同，其 EEDI 的基准线值也不一样。根据样本统计情况分为两类：一是 A 级航区的散货船，二是 B 级和 C 级航区的散货船。我国通航的内河包括江、河、湖泊和水库。航区(航段)级别主要根据航行水域的水文和气象条件划分为 A、B、C 三级，涉及的水系包括黑龙江水系、海河水系、黄河水系、淮河水系、长江水系、钱塘江水系、京杭运河水系、珠江水系以及其他独自入海的主要水系。我国通航内河的航区划分在中华人民共和国海事局以海法规[2011]391 号文公布的《内河船舶法定检验技术规则 2011》第 2 篇中有详细的规定，详见附录。

(3) 本标准不适用的情况说明

标准中明确规定不适用于具有柴油机-电力推进、透平推进或混合式推进系统的船舶。这些推进系统的能源消耗形式相对比较复杂，在能源消耗模式、能效计算公式的确定、相关参数的选择等方面都有待于进一步研究，目前纳入标准还不成熟。因此现阶段暂不考虑。

第三节　相关术语

GB/T 30008—2013《节能型船舶能效设计指数基准线值》中对用到的 14 个术语给出了定义，包括能效设计指数(EEDI)、基准线值以及 12 种船舶类型的名称，以避免执行过程中出现理解偏差。

能效设计指数(EEDI)的定义主要按照 IMO 给出的定义确定的，即“船舶在设计载运能力和预定航速下主机和相关辅机燃料消耗所排放的二氧化碳(CO_2)的单位排放量”。从这个定义可以看出，EEDI 是衡量船舶设计和建造能效水平的一个指标，是反映船舶综合能耗的重要指标，而不仅仅是反映燃油消耗量。这也是选择使用 EEDI 来衡量某一艘船舶是否属于节能型船舶的原因。

对于“基准线值”，标准给出的定义为“确定特定船舶不同能效级别的基准”。标准中给出的是船舶能效设计指数的基准值，是用于确定特定船舶不同能效级别的基准。根据基准值的确定方法和公式，该值在坐标图上反映出的是一条曲线，且 IMO 给出的英文名称为“reference line value”，便称之为“基准线值”。标准中给出的基准线值也是节能型船舶的基准线值。

对于 12 种船型的定义，主要参照 IMO 的相关规定和中国船级社的《绿色船舶规范》给出的，与 IMO 的相关定义保持一致。从概念上讲，内河船和海船区别不大，因此，没再分别对海船的各种船型和内河船的各种船型给出定义。其中，关于“液货船”的定义，IMO 于 2012 年 3 月初通过的 MEPC. 212(63)决议《2012 年新船达到的能效设计指数(Attained EEDI)计算方法导则》中定义为“MARPOL 附则Ⅰ第 1 条所定义的油船或 MARPOL 附则Ⅱ第 1 条所定义的化学品船及有毒液体物质船”。中国船级社于 2012 年 10 月发布的《绿色船舶规范》以及 2012 年 12 月发布的《船舶能效设计指数(EEDI)验证指南》中给出的定义均为“是指在 MARPOL 附则Ⅰ第 1 条所定义的油船(oil tanker)或 MARPOL 附则Ⅱ第 1 条所定义的化学品船(chemical tanker)及有毒液体物质船(NLS tanker)”。这两个定义内容基本一致，但不符合标准中对术语的表述要求。在 MARPOL 附则Ⅰ对油船的定义为“油船系指建造为或改造为主要在其装货处所装运散装油类的船舶，并包括兼装船以及全部或部分装运散装货油的本公约附则Ⅱ中所规定的任何‘化学品液货船’”；MARPOL 附则Ⅱ对“化学品液货船”的定义为“化学品液货船，系指建造为或改造为主要用于装运散装有毒液体物质货物的船舶，并包括本公约附则Ⅰ定义的用于装运全部或部分散装有毒液体物质货物的油船”。经查询《国防科技名词大典　船舶》对“液货船”的定义，并结合标准正文中所指的“液货船”的范畴，GB/T 30008—

2013 对“液货船”的术语进行了重新定义，即“运载油类、液体化学品和有毒液体物质等液体货物的船舶”。

第四节　适用船型的能效基准线值

一、 基准线值确定方法

根据中国船舶科学研究中心李白齐、程红蓉《关于 EEDI 衡准基线的研究》文章，确定各类船舶的 EEDI 基准线值的生成方法如下：

(1) 广泛收集各类船舶的船型和性能资料，建立船型性能数据库，并不断予以扩充，以此作为基准线值确定和更新的数据源，形成对基准线值研究的有效支持；

(2) 将船型性能数据库的所有船舶按功能用途划分为不同类别，如散货船、油船、集装箱船、LPG 船、LNG 船、客滚船、汽车滚装船、豪华游船、各种高性能船等。子样越多且分类越细，则生成的基准线值就越能反映各类船舶的客观特征，其准确性和权威性就越高；

(3) 根据每一类船的速度范围，确定规格化速度系列的数值 v_j($j=1$，2，3，…，N)；

(4) 按照目标船速修正方法，将同一类船舶中每艘船的速度 v 规格化为与 v 最接近的规格化值 v_j，并求出相应的 P_j 和 EEDI_j，则点(Δ，EEDI_j)就是参变量 $v_j=$ 某一常值时基准线值生成的参考点，对这些参考点进行拟合或回归分析就可以得到该 v_j 值的基准线值。拟合公式通常为($a\cdot b^c$)，只要确定 a、b、c 三个数值就可以确定基准线值。不同 v_j 值得基准线值就组成了该类船舶的基准线值图谱。根据数据拟合情况，通常基线为呈凹形下降趋势，c 值通常为负值。为了保持 c 值为正，拟合公式修改为($a\cdot b^{-c}$)。

二、 国际航行海船的基准线值

对于国际航行海洋运输船舶，采用 IMO 确定的基线(国际航行客船、国际航行客滚船、国际航行车辆滚装船、国际航行滚装货船、国际航行近海供应船是按照 IMO 基线确定原则进行拟合确定的基线)，将达到 IMO 第一阶段要求的船舶确定为节能型船舶。IMO 以英国 Fairplay 数据库现有船舶样本为基础，按 50% 符合率(即现有船舶约有 50% 能通过)进行回归，提出了不同船型的基准线值。本标准直接使用了 IMO 的相关指标要求，将下一阶段的 EEDI 值作为节能型船舶的基准线值指标，见表 4-2。

表 4-2 节能型国际航行海洋运输船舶基准线值的参数表

序号	船舶类型	*a*	*b*	*c*
1	散货船	865.61	船舶载重吨	0.477
2	液货船	1096.92	船舶载重吨	0.488
3	集装箱船	156.80	船舶载重吨	0.201
4	气体运输船	1008.00	船舶载重吨	0.456
5	杂货船	96.73	船舶载重吨	0.216
6	冷藏货船	204.31	船舶载重吨	0.244
7	兼用船	1097.10	船舶载重吨	0.488
8	客船	3188.07	船舶总吨	0.558
9	客滚船	964.80	船舶总吨	0.387
10	车辆滚装船	9978.30	船舶载重吨	0.654
11	滚装货船	4716.45	船舶载重吨	0.555
12	近海供应船	8992.98	船舶载重吨	0.619

三、 国内航行船舶的基准线值

对于国内航行船舶(包括国内航行海船和河船)，主要结合国内收集的样本数据及评估结果，按照 IMO 给出的基线确定原则确定基线，并进行相应修正，使国内航行海船能够享受车船税减免优惠的船舶比例达到该类型船舶总数的 20%左右，使国内航行河船能够享受车船税减免优惠的船舶比例达到该类型船舶总数的 15%左右。上述按比例优选的船舶即为节能型船舶。对于国内航行海船，主要基于交通部发布的 JT/T 827—2012《营运船舶 CO_2 排放限值及验证方法》，且由于小船 EEDI 样本值离散度较大，拟合曲线时剔除了 1500DWT 以下的船舶数据，按照节能型船舶的概念调整而成。对于内河船舶，由于其航区不同，所适用的规范要求也不相同，最明显的体现就是载重线与航区密切相关，即航区不同，干舷高度要求不同，直接导致船舶载重吨有较大差异，从而明显影响船舶 EEDI。因此，内河船舶需按船型、分航区设定 EEDI 基准线值。因航区对干散货船的 EEDI 值影响较大，在规定指标要求时按航区进行了细分，而其他内河船舶受航区影响较小，没再进行细分。由于内河船舶 EEDI 计算公式与海船不同，尤其是辅机功率并非根据主机功率推算而来，所以节能型国内航行船舶 EEDI 基准线值应基于船舶的实际能效数据进行回归分析。

1. 船型范围

样本统计时间截至为 2011 年 11 月 10 日，根据交通部海事局提供数据，我国共有登记国内航行船舶 292313 艘，110205123 总吨。船型种类复杂，可分为 7 大类和 69 小类船型，详见表 4-3 所示。

表 4-3　船型种类分类表

船型大类	船型细分
客船类	普通客船、客货船、客渡船、旅游客船、高速客船、客驳船、滚装客船、客箱船、火渡船(客)、地效翼船，共 10 类
普通货船类	干货船、杂货船、散货船、散装水泥运输船、集装箱船、滚装船、多用途船、木材船、水产品运输船、重大件运输船、驳船、汽渡船、挂桨机船、冷藏船、火渡船、矿/散/油船、半潜船，共 17 类
液货船类	油船、散装化学品船、散装化学品船/油船、液化气船、油驳、一般液货船，共 6 类
工程船类	工程船、测量船、采沙船、挖泥船、疏浚船、打捞船、打桩船、起重船、搅拌船、步缆船、钻井船、打桩起重船、吹泥船、起重驳，共 14 类
工作船类	工作船、破冰船、航标船、油污水处理船、供给船、垃圾处理船，共 6 类
拖船类	拖船、推船，共 2 类
其他类	交通艇、引航船、救助船、浮船坞、公务船、摩托艇、帆船、趸船、游艇、特种用途船、水上平台、水下观光船、科学考察船、勘探船，共 14 类

由于船型种类较多，统计了其中几种主要船型的船舶数量，画出船舶数量分配图，如图 4-1 所示。

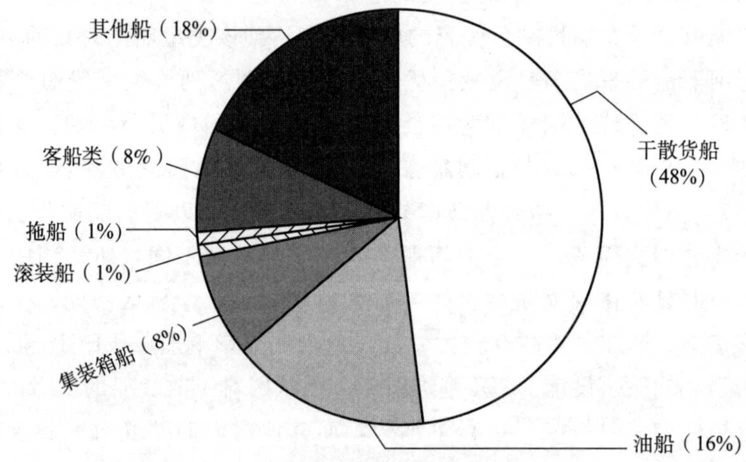

图 4-1　主要船舶类型的船舶数量比例分配图

从图 4-1 可以看出，干散货船、油船和集装箱船占了 7 种主要类型的船舶的大部分(约 72%)，其他类型的船舶虽然种类很多，但数量很少，不能达到标准统计分析所需要的船舶数据，因此，国内航行船舶能效设计指数基准线制定主要考虑干散货船、液货船(包括油船和化学品船)和集装箱三大类船型。

根据交通部的船舶数据库，干散货船、液货船和集装箱船共计 126759 艘，68878717 总吨，分别占船舶总艘数的 43.36%和 62.50%。三大船型的艘数和吨位情况见表 4-4。

表 4-4　干散货船、液货船和集装箱船艘数及总吨统计表

船型	数量情况		总吨位情况	
	艘数	占总艘数比例	总吨	占总吨位比例
干散货船	117754	40.28%	61387526	55.70%
液货船	7254	2.48%	4361895	3.96%
集装箱船	1751	0.60%	3129296	2.84%

考虑到我国船队的实际分布，干散货船、液货船和集装箱船占了我国船队的大部分，具有足够的船舶数量进行统计分析，因此，船型范围包括干散货船、液货船和集装箱船三大船型。

2. 吨位范围

三大船型中，400 总吨以上船舶共计 32310 艘，53315192 总吨，分别占三大船型总艘数的 25.49%和总吨位的 77.40%。400 总吨以上三大船型的艘数及吨位情况见表 4-5。

表 4-5　400 总吨以上干散货船、液货船和集装箱船艘数及总吨统计表

船型	数量情况		总吨位情况	
	艘数	占该类船比例	总吨	占该类船比例
干散货船	28352	24.08%	46636545	75.97%
液货船	2231	30.76%	3557057	81.55%
集装箱船	1727	98.63%	3121590	99.75%

另外，MARPOL 公约附则Ⅵ规定，所有 400 总吨以上船舶，必须持有《国际防止空气污染证书》(IAPP)，这条规定也被纳入到了我国船舶法定检验规则条款里。因此，这些船具有可信的技术参数。

3. 样本船舶调研地点及采集参数

样本调研地点为山东、江苏、浙江、广东、广西、湖北、安徽、湖南(内河 B)、福建(海船)共 9 个省份的船舶数据。其中山东、江苏、浙江、广东、广西、湖北、安徽 7 个省份船舶数据占全国船舶总数的比例见表 4-6。

表 4-6　7 个主要省份船舶分布情况

省份	干散货船/艘				液货船/艘				集装箱船/艘				合计/艘
	内河A	内河B	海船	小计	内河A	内河B	海船	小计	内河A	内河B	海船	小计	
山东	808	129	233	1170			59	59	2		5	7	1236
江苏	1255	7	691	1953	225	1	29	255	105		38	143	2351
浙江	102	49	1746	1897			442	442			31	31	2370
广东	1892	56	327	2275	194		129	323	773	1	140	914	3512
广西	1013	11	357	1381	3		14	17	217	2	12	231	1629
湖北	682	88	228	998	17	3	33	53	6		8	14	1065
安徽	6002	33	267	6302	37		7	44	44		7	51	6397
合计	11754	373	3849	15976	480		713	1193	1150		241	1391	18560
占总数的百分比/%	80.9	39.3	76.6	77.9	87.4		78.9	82.2	92.3		71.5	87.9	78.8

从表 4-6 可以看出，全国 18 个省市中，山东、江苏、浙江、广东、广西、湖北、安徽 7 个省份的船舶数量分布最多，除干散货船内河 B 外，7 个省份三种船型的河船和海船数量均超过了全国总量的 70%以上，集装箱河船甚至达到了 92.3%。内河 B 船舶通过到湖南采集数据进行补充，另外，还将采集福建的海船数据来对整个海船样本进行补充。

4. 能效设计指数基准线制定样本数据

通过对全国 9 个省份的船舶数据进行调研，最终获得的各船型样本数据分布如表 4-7 所示。

表 4-7　各船型有效样本数据分布

船舶类型	内河船/艘		海船/艘
	A 级航区	B 级航区	
散货船	593	440	1104
干货船	589		
集装箱船	410		222
液货船	205		185

5. 船舶样本的代表性分析

为了分析船舶样本的代表性，对船舶样本和全国船舶库的船舶分别作出吨位累积分布比例图。考虑到在小吨位范围内，船舶能效值随吨位变化十分剧烈。因此，在小吨位范围内，应尽量选用小的步长进行吨位划分。吨位划分原则如下(GT为总吨)：

400～600GT：步长为20GT；

600～2000GT：步长为100GT；

2000～3000GT：步长为200GT；

3000～10000GT：步长为500GT；

10000～5000GT：步长为2000GT。

根据上述吨位区间划分原则，对样本船舶进行了吨位分布统计，并绘制了各种船型的吨位分布比例累积图，分别见图4-2、图4-3、图4-4。

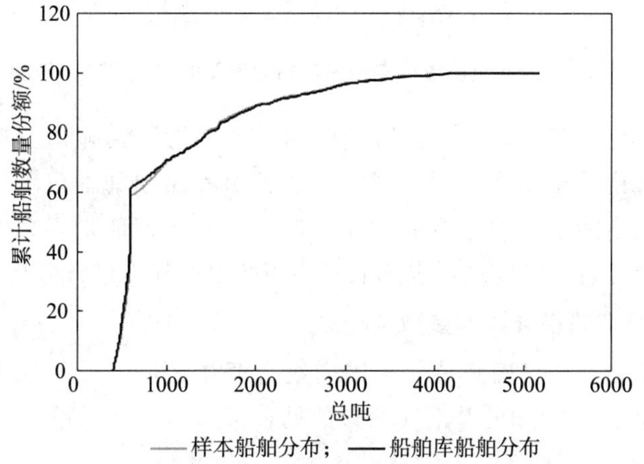

图4-2 内河干散货船样本船舶与船舶库船舶吨位分布比较图

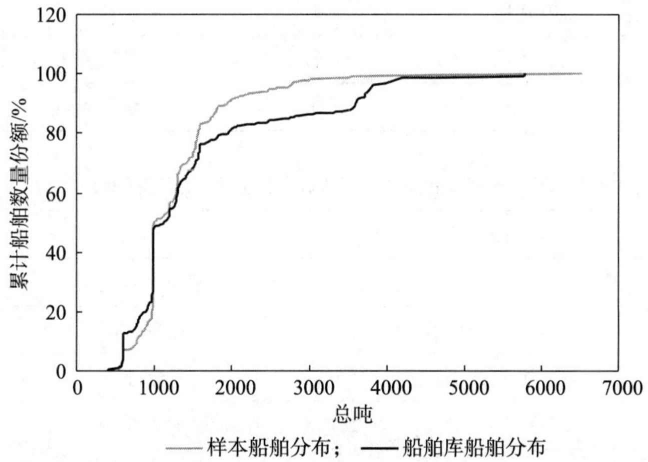

图4-3 内河集装箱船样本船舶与船舶库船舶吨位分布比较图

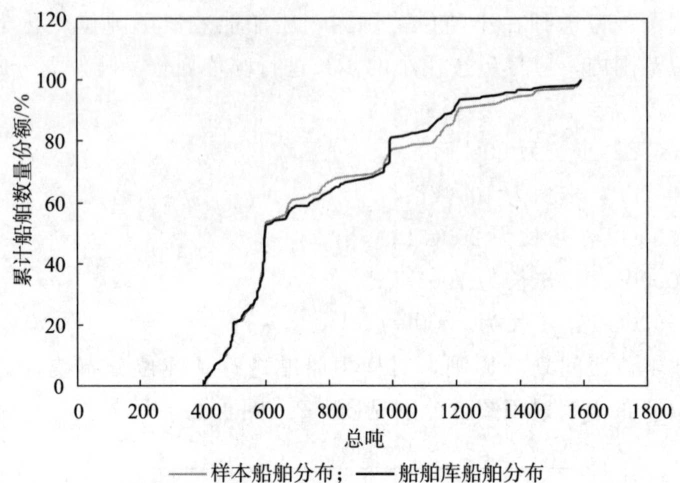

图 4-4 内河液货船样本船舶与船舶库船舶吨位分布比较图

从上述分布比较图可以看出，所抽取的样本船舶，其吨位分布情况与全国船舶库中船舶的吨位分布基本相同，同时也兼顾每种船型基本覆盖各吨位区间。因此，样本船舶基本能够反映整个船舶库情况。针对内河船舶、客船、客滚船和滚装货船也有一定数量，研究过程也选取了相当数量的样本进行分析。

6. 确定各船型的基准线值参数

通过数据拟合，最终确定节能型国内航行海洋运输船舶的基准线值参数见表 4-8，节能型内河运输船舶的基准线值参数见表 4-9。

表 4-8 节能型国内航行海洋运输船舶基准线值的参数

序号	船舶类型	*a*	*b*	*c*
1	散货船	674.9	船舶载重吨	0.4673
2	液货船	487.4	船舶载重吨	0.4337
3	集装箱船	719.5	船舶载重吨	0.4406

表 4-9 节能型内河运输船舶基准线值的参数

序号	船型及航区		*a*	*b*	*c*
1	散货船	A 级航区[a]	49.55	船舶载重吨	0.2022
		B、C 级航区[a]	251.58	船舶载重吨	0.4352
2	集装箱船		1764.00	船舶载重吨	0.5914
3	液货船		321.86	船舶载重吨	0.4132
4	客船		358.61	船舶总吨	0.3702

续表 4-9

序号	船型及航区	a	b	c
5	客滚船	335.74	船舶总吨	0.3869
6	滚装货船	696.39	船舶载重吨	0.3924
[a] 航区级别根据《内河船舶法定检验技术规则 2011》中第 2 篇确定。				

7. 节能型船舶基准线值计算实例

某内河航行的散货船，载重吨为 3000t，航行于 A 级航区，则其对应节能型船舶线值为：

$$\text{Required EEDI}=a\times b^{(-c)}=49.55\times 3000^{-0.2022}=9.82$$

即只有当计算并验证后的船舶 Attained EEDI 值小于 9.82 时，该船舶才是节能型船舶。

第五章 船舶能效设计指数计算方法

第一节 绪论

一、 标准制定背景

本标准主要与 GB/T 30008—2013《节能型船舶能效设计指数基准线值》的配套实施而制定的，用以计算船舶的 EEDI 值。

2008 年 10 月，IMO MEPC 第 58 次会议将原定的衡量指标“CO_2设计指数”变更为船舶能效设计指数(EEDI)，利用能效设计指数鼓励新能源和节能技术在船舶上的应用，并提出了 EEDI 的计算公式。IMO 于 2009 年 8 月 17 日发布了 MEPC. 1/Circ. 681 通函《新船能效设计指数计算方法的临时指南》，并于 2012 年 3 月 2 日通过了 MEPC. 212(63)决议《2012 年新船达到的能效设计指数(Attained EEDI)计算方法导则》。根据 IMO 的有关公约要求，中国船级社于 2010 年 3 月印发了《关于自愿实施 IMO“新造船 EEDI 设计指数计算方法临时指南”及“EEDI 自愿验证临时指南”的通知》供造船界试用。这些工作，都为本标准的编制积累了经验，奠定了基础。

二、 标准制定过程

本标准是与 GB/T 30008—2013《节能型船舶能效设计指数基准线值》等其他 4 项标准同步开展编制的，用以支撑国家车船税减免政策的实施。

编制过程中，编制组分别搜集了相关的国际公约、国内外标准、规范等资料，如 IMO 的《新船能效设计指数计算方法的临时指南》《2012 年新船达到的能效设计指数(Attained EEDI)计算方法导则》、中国船级社的《关于自愿实施 IMO“新造船 EEDI 设计指数计算方法临时指南”及“EEDI 自愿验证临时指南”的通知》《绿色船舶规范》《内河绿色船舶规范》《内河船舶能效设计指数(EEDI)评估指南》等技术资料。在征求意见环节，共收到 8 个单位回函，有 2 个单位提出意见共 13 条。编制组对各单位回复的意见进行了逐条处理，共采纳的意见有 9 条，部分采纳的意见有 2 条，有 2 条意见未采纳。结合意见处理情况，编制组还对标准文本进行了重新整理，形成了标准送审稿。

2012 年 8 月 23 日，全国海洋船标准化技术委员会在上海组织召开了标准审查会，对本标准送审稿及相关材料进行了认真审查。一致同意通过本标准的审查。专家审查组一致认为如下：

(1) 标准针对 12 种国际航行海洋运输船舶、3 种国内航行海洋运输船舶和 6 种内河运输船舶规定了详细的计算方法和参数选取方法，技术内容科学合理，达到了国际先进水平；

(2) 标准的发布实施，将对提高船舶能效水平起到积极的促进作用，也为我国船舶车船税减免政策的实施提供技术支撑。

2013 年 10 月 10 日，国家标准化管理委员会发布了 GB/T 30009—2013《船舶能效设计指数计算方法》，并于 2013 年 11 月 1 日起实施。

第二节 船舶 EEDI 计算公式

由于本标准适用于我国航行的海洋船和内河船，且两者存在较大差异，在确定计算公式时应予分别考虑。

GB/T 30009—2013《船舶能效设计指数计算方法》中 4.1.1 的计算公式专门针对海洋运输船舶达到的 EEDI 计算。EEDI 是由丹麦船东协会提出的船舶 CO_2 设计指数演变而来，主要是通过大量的样本分析来研究 CO_2 指数的计算方法。经过多轮的讨论修改，从而形成了标准中所规定的海洋运输船舶达到的 EEDI 计算公式。该公式主要考虑了船舶的航速、装载量、主机功率、燃油消耗量、创新技术等因素。该公式主要根据 CO_2 排放量和运输量的比值来表达船舶的能效，见式(5-1)：

$$\mathrm{EEDI}=\frac{\mathrm{CO_2}\ 排放量}{运输量} \tag{5-1}$$

CO_2 排放量主要考虑推进功率、燃油消耗量和燃油的含碳量等因素。运输量主要考虑船舶载运能力、装机功率、船舶航速等因素。式(5-1)展开便成了标准中 EEDI 的计算公式，见式(5-2)。

$$\begin{aligned}\mathrm{EEDI_a}=&\Big\{\Big(\prod_{j=1}^{n} f_j\Big)\Big(\sum_{i=1}^{n_{\mathrm{ME}}} P_{\mathrm{ME}(i)}\cdot C_{\mathrm{FME}(i)}\cdot \mathrm{SFC}_{\mathrm{ME}(i)}\Big)+\big(P_{\mathrm{AE}}\cdot C_{\mathrm{FAE}}\cdot \mathrm{SFC}_{\mathrm{AE}}\big)+\\&\Big[\Big(\prod_{j=1}^{n} f_j\cdot\sum_{i=1}^{n_{\mathrm{PTI}}} P_{\mathrm{PTI}(i)}-\sum_{i=1}^{n_{\mathrm{eff}}} f_{\mathrm{eff}(i)}\cdot P_{\mathrm{AEeff}(i)}\Big)C_{\mathrm{FAE}}\cdot \mathrm{SFC}_{\mathrm{AE}}\Big]-\\&\Big(\sum_{i=1}^{n_{\mathrm{eff}}} f_{\mathrm{eff}(i)}\cdot P_{\mathrm{eff}(i)}\cdot C_{\mathrm{FME}}\cdot \mathrm{SFC}_{\mathrm{ME}}\Big)\Big\}\Big/\big(f_i\cdot f_c\cdot f_w\cdot W\cdot v_{\mathrm{ref}}\big)\end{aligned} \tag{5-2}$$

式(5-2)的分母表示船舶规定的船速与装载量的乘积，而分子则可概括为四部分，前两部分为主辅机的功率与燃料消耗率和碳转换系数的乘积；后两部分为采用新的节能技术减少燃料消耗率所带来的船舶能效的提高。式(5-2)还考虑了各种特殊情况下产生的修正系数，如功率修正系数 f_j、载运能力修正系数 f_i、失速系数 f_w、舱容修正系数 f_c等。

如果部分正常最大海上负荷由轴带发电机提供，则在 $0.75 \times \sum_{i=1}^{n_{\mathrm{PTO}}} P_{\mathrm{PTO}(i)} \leqslant P_{\mathrm{AE}}$ 的条件下，$P_{\mathrm{AE}} \cdot C_{\mathrm{FAE}} \cdot \mathrm{SFC}_{\mathrm{AE}}$ 可由下式替代：

$$\left(P_{\mathrm{AE}} - 0.75 \cdot \sum_{i=1}^{n_{\mathrm{PTO}}} P_{\mathrm{PTO}(i)}\right) \cdot C_{\mathrm{FAE}} \cdot \mathrm{SFC}_{\mathrm{AE}} + 0.75 \cdot \sum_{i=1}^{n_{\mathrm{PTO}}} P_{\mathrm{PTO}(i)} \cdot C_{\mathrm{FME}(i)} \cdot \mathrm{SFC}_{\mathrm{ME}(i)}$$

进行上述拆分主要是考虑到船舶采用轴带发电机的情况，主机提供部分负荷，因此该部分由轴带发电机提供的负荷，应采用主机的燃料消耗率和主机燃油的碳转换系数进行计算。因不同参数在估算时的不确定性，EEDI 的计算值通常保留小数点后 2 位，中间计算过程可保留 3 位及以上。

由于 IMO 的 EEDI 计算公式主要针对海洋运输船舶，且适用的海域较广，没有考虑我国内河运输船舶的特殊性。为此，本标准在制定过程中便根据我国的实际情况，分析提出船速、载运能力、功率参数、燃油消耗量参数以及各种修正系数的选取。特别是修正系数，须根据我国的具体情况来确定。对于国内的海洋运输船舶和江海直达型运输船舶，基本可以采用 IMO 的计算公式及相应的参数选取方法。对于内河运输船舶，需有单独的计算公式，部分参数的选取也有所差异。GB/T 30009—2013 中 4.1.2 的计算公式是专门针对我国内河运输船舶的 EEDI 计算。分母也是表示船舶规定的船速与装载量的乘积，而分子也主要分为四部分，前两部分为主辅机的功率与燃料消耗率和碳转换系数的乘积，后两部分为采用了创新能效技术后主辅机能效提高的部分，见式(5-3)：

$$\begin{aligned}\mathrm{EEDI_a} = \Bigg\{ & \sum_{i=1}^{n_{\mathrm{ME}}} P_{\mathrm{ME}(i)} \cdot \left(\mathrm{SFC}_{\mathrm{YME}(i)} \cdot C_{\mathrm{FME}(i)} + \mathrm{SFC}_{\mathrm{QME}(i)} \cdot C_{\mathrm{FME}(i)}\right) + \\ & \sum_{i=1}^{n_{\mathrm{AE}}} P_{\mathrm{AE}(i)} \cdot \left(\mathrm{SFC}_{\mathrm{YAE}(i)} \cdot C_{\mathrm{FAE}(i)} + \mathrm{SFC}_{\mathrm{QAE}(i)} \cdot C_{\mathrm{FAE}(i)}\right) - \\ & \sum_{i=1}^{n_{\mathrm{eff}}} f_{\mathrm{eff}(i)} \cdot P_{\mathrm{eff}(i)} \cdot \mathrm{SFC}_{\mathrm{ME}(i)} \cdot C_{\mathrm{FME}(i)} - \sum_{i=1}^{n_{\mathrm{eff}}} f_{\mathrm{eff}(i)} \cdot P_{\mathrm{AEeff}(i)} \cdot \mathrm{SFC}_{\mathrm{AE}} \cdot C_{\mathrm{FAE}} \Bigg\} \Big/ (W \cdot v_{\mathrm{ref}})\end{aligned} \tag{5-3}$$

第三节　公式中参数的选取

GB/T 30009—2013 对船舶 EEDI 计算公式中各种参数的选取均作出了规定，如碳转换系数、船速、载运能力、载重吨、功率参数(主机功率、轴带发电机功率、轴马达功率、辅机功率等)、燃料消耗率等。同时还规定了各种修正系数的选取，如功率修正系数 f_j、载运能力修正系数 f_i、舱容修正系数 f_c、失速系数 f_w、能效系数 f_{eff}。这些系数的选取方法，一方面来自 IMO 公约的相关规定，另一方面来自于我国的经验总结。

一、 碳转换系数(C_F)

不同能源的实物量是不能直接进行比较和换算的。由于各种能源都有一种共同的属性，即含有能量，且在一定条件下可以转化为热。为了便于各种能源进行计算、比较和分析，首先选择某种统一的标准燃料作为计算依据，然后通过各种能源实际含热值与标准燃料热值之比，即能源折算系数，计算出各种能源折算成标准燃料的数量。所选的标准燃料的计量单位即为当量单位。国际上习惯采用的标准燃料主要有标准煤和标准油。标准煤又称煤当量或碳当量。GB/T 2589—2008《综合能耗计算通则》中规定，低(位)发热量等于 29307 千焦(kJ)的燃料，称为 1 千克标准煤(1kgce)。

C_F对应于在确定适用的在 NO_x 技术规则所定义的技术案卷包括的试验报告(以下称“NO_x 技术案卷包括的试验报告”)中所列的 SFC 时所使用的燃料。不同燃料的 C_F值列于表 5-1，以便于计算选用。

表 5-1 碳转换系数表

序号	燃料类型	参照等级	碳当量	C_F
1	柴油/汽油	ISO 8217 DMX 级-DMB 级	0.8744	3.206
2	轻燃油(LFO)	ISO 8217 RMA 级-RMD 级	0.8594	3.151
3	重燃油(HFO)	ISO 8217 RME 级-RMK 级	0.8493	3.114
4	液化石油气(LPG)	丙烷	0.8182	3.000
		丁烷	0.8264	3.030
5	液化天然气(LNG)	—	0.7500	2.750

二、 船速

对于海船，航速通常为在无风无浪的气象条件下，在主机功率为每台主机 75%的最大持续功率以及满载情况下的深水中航速。客船和客滚船的载运能力对应于夏季载重吃水。

对于内河船舶，航速应为在无风无浪的平静水域下，船舶在满载工况(GB/T 30009—2013 中 4.2.3 规定的载运能力)及主机按 75%额定功率推进的情况下在深水中的航速。

船速在试航时验证并在下述情况下修正得出(单位为节)：

- 在深水中；
- 在假定无风无浪的平静气象条件下；
- 在载运能力所对应的装载工况下；
- 总轴推进功率，并考虑轴带发电机和轴带电动机。

三、 载运能力

不同船型的载运能力确定如下：对散货船、液货船、气体运输船、车辆滚装船、滚装货船、冷藏货船、杂货船、兼用船和近海供应船，用载重吨(DWT)表示；对客船和客滚船，用总吨(GT)表示，而总吨在《1969 年国际船舶吨位丈量公约》附则Ⅰ第 3 条有明确的规定，即 $GT=K_1V$；其中，V 表示船舶所有围蔽处所的总容积(m^3)，$K_1=0.2+0.02\log10V$。

集装箱船的载运能力确定比较特殊，GB/T 30009—2013 中规定应以 70% DWT 表示。在计算 EEDI 值时，$EEDI_a$(达到的 EEDI)应根据 EEDI 公式采用 70% DWT 计算，$EEDI_r$(要求的 EEDI)应根据基准线值公式采用 100%DWT 确定。

四、 载重吨（DWT）

载重吨主要表示船舶在营运中能够使用的载重能力，也是船舶根据载重线标记规定所能装载的最大限度的重量，包括船舶所载运的货物、船上所需的燃料、淡水和其他储备物料重量的总和，载重吨=满载排水量-空船排水量。

GB/T 30009—2013 规定，海船的载重吨取值为在密度为 1025kg/m^3 的水中、在夏季载重吃水下的船舶排水量与船舶空船重量之间的吨位差。内河船的载重吨取值为在密度为 1000kg/m^3 的水中载重吃水下船舶排水量与船舶空船重量之间的吨位差。

在选取载重吨(DWT)进行计算时，空船重量和夏季载重吃水时的排水量应根据最终稳性手册中的倾斜试验或空船重量检查的结果确定。在设计阶段，可取临时文件中的载重吨。

五、 功率参数

EEDI 计算所涉及的功率参数包括主机推进功率以及辅机为推进服务(排除了货物操作所需的功率)所提供的功率。主机推进功率通常为所有主机最大持续功率(MCR)的 75%。当同时采用轴马达推进时，总轴推进功率(螺旋桨收到的功率 P_S)通常按下式确定：

$$P_S=\sum_{i=1}^{n_{ME}}P_{ME(i)}+\sum_{i=1}^{n_{PTI}}(P_{PTI(i)}\cdot\eta_{PTI(i)})\cdot\eta_{\overline{gen}}$$

应注意，$P_{ME(i)}$ 值可能受经验证的技术方法的限定；总轴推进功率可能受经验证的技术方法的限定。但不论运转的发动机数量多少，发动机电子控制系统均可能限定总推进功率。

当出现 GB/T 30009—2013 中 4.2.5.1 安装的主机功率高于推进系统的最大设计功率时，即总推进功率受经验证的技术方法的限定，此时

$$\sum_{i=1}^{n_{ME}} P_{ME(i)} \cdot C_{FME(i)} \cdot SFC_{ME(i)} + \sum_{i=1}^{n_{PTI}} P_{PTI(i),shaft} \cdot C_{FAE} \cdot SFC_{AE}$$

应替换为受限的总推进功率的 75%乘以($SFC_{ME} \cdot C_{FME}$)和($SFC_{AE} \cdot C_{FAE}$)的平均加权值。

1. 主机功率（P_{ME}）

P_{ME}取值为每台主机最大持续功率(MCR)的 75%，MCR 值应为该主机《国际防止发动机大气污染证书》(EIAPP 证书)上的规定值；若主机不要求具有 EIAPP 证书，则应选取主机铭牌上的 MCR 值。

若安装了轴带发电机，则当 $P_{ME(i)}$ 的最大允许减除量不超过 GB/T 30009—2013 中 4.2.5.4 规定的 P_{AE}值时，$P_{ME(i)}$ 按式(5-4)计算；或当安装的主机功率高于推进系统的最大设计功率时，$P_{ME(i)}$ 的值应为推进系统最大设计功率的 75%：

$$P_{ME(i)} = 0.75 \times (MCR_{ME(i)} - P_{PTO(i)}) \tag{5-4}$$

式中：

$MCR_{ME(i)}$——第 i 台主机最大持续功率(kW)；

$P_{PTO(i)}$——第 i 台轴带发电机功率(kW)。

图 5-1 给出了主机功率 $P_{ME(i)}$ 的确定方法。

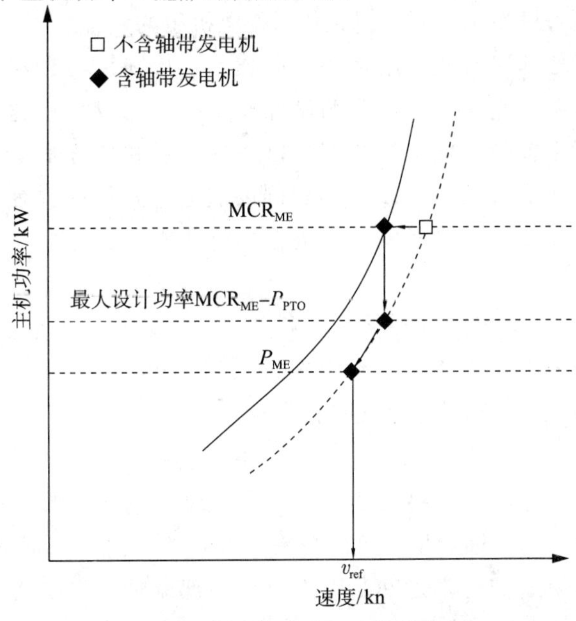

图 5-1 主机功率 P_{ME}的确定

若安装了轴马达，则当在 v_{ref} 时 P_{ME} 按式(5-5)和式(5-6)计算：

$$P_{ME} = \sum P_{ME(i)} + \sum P_{PTI(i),shaft} \tag{5-5}$$

$$\sum P_{PTI(i),shaft} = \sum (P_{PTI(i)} \cdot \eta_{PTI(i)}) \cdot \eta_{\overline{gen}} \tag{5-6}$$

式中：P_{ME}——主机功率(kW)；

$P_{PTI(i),shaft}$——第 i 台轴马达输出功率(kW)；

$\eta_{PTI(i)}$——第 i 台轴马达的效率；

$\eta_{\overline{gen}}$——发电机的加权平均效率。

当 P_{ME} 高于推进系统最大设计功率的75%时，则应选用推进系统最大设计功率的75%作为 P_{ME}。

2. **轴带发电机功率（P_{PTO}）和轴马达功率（P_{PTI}）**

若安装了轴带发电机，则轴带发电机功率 $P_{PTO(i)}$ 为每台轴带发电机的额定电功率输出的75%。

EEDI计算中的船舶辅机功率主要是指用于运行推进所需的辅助系统，不包括其他用于船员船上生活和用于任何货物操作目的。电功率可由柴油发电机组、轴带发电机、驱动发电机的废热回收系统和可能的创新技术(如太阳能板)产生。柴油发电机组和轴带发电机是最常用的系统。柴油发电机组使用柴油机给发电机提供动力，而轴带发电机由主机驱动。考虑到由于主机的更高效率和轴带发电机的效率，与柴油发电机组运行相比，排放的 CO_2 更少。

另外，EEDI公式还包括辅机功率。但是该功率需求很大程度上取决于装载和贸易模式，且必须考虑安全方面，例如备用发电机组的设置。

轴带发电机是经证明有效且经常使用的技术，特别是与有效载荷相关的高电功率需求，例如冷藏集装箱。通常船舶设计使主机达到设计航速，并提供一定的海上功率裕度。对于轴带发电机的使用，以往的实践和理解是安装一个与不带轴带发电机的设计相比更大的主机以达到相同的航速，并且主机有多余的功率用于在任何时候产生电功率。作为经验，主机选择时通常增加一个气缸以满足额外的功率需求。

因此，计算EEDI时应考虑轴带发电机如何计算以及与 P_{AE} 的关系。此外，轴马达的影响在计算时应予以考虑。对于主机只用于船舶推进的情况，就EEDI而言，不带轴带电动机的主机功率系指每台主机 MCR_{ME} 的75%：

$$P_{ME(i)} = 0.75 \times MCR_{ME(i)}$$

对于带有轴带发电机的主机功率，轴带发电机使用来自原动机(主机)的功率产生电功率。因此，用于轴带发电机的功率不能用于推进。从而 MCR_{ME} 为推进所需功率和轴带发电机所需功率之和。因而至少一部分轴带发电机功率应从主机功率(P_{ME})中扣除，需要在计算中扣除驱动轴带发电机的功率。由于此功率不能用于推进，这导致减少了基准航速。应从试航时获得的功率曲线确定航速。

对于轴带发电机影响计算有 2 种选项。

选项 1：

$P_{PTO(i)}$是每台轴带发电机额定输出功率 MCR_{PTO}的 75％。最大允许减额不允许超过辅机功率 P_{AE}。主机功率 P_{ME}为：

$$P_{PTO(i)}=0.75\times MCR_{PTO(i)}$$

$$\sum P_{ME(i)} = 0.75\times\sum(MCR_{ME(i)} - P_{PTO(i)})\left[当\ 0.75\times\sum P_{PTO(i)}\leqslant P_{AE}\ 时\right]$$

这表示从主机功率最多只可扣除等于 P_{AE}的最大轴带发电机功率。此选项不考虑高于 P_{AE}的轴带发电机输出。

选项 2：

计算 EEDI 考虑的主机功率 P_{ME}定义为推进系统限定功率的 75％。这可通过任何经验证的技术方法实现，例如发动机电子控制。

$$P_{ME(i)}=0.75\times P_{shaft,limit}$$

该选项应包括具有非常高功率要求的设计(例如货物操作或货物系统维护需要较大功率需求)。该选项确保更高的主机功率不能用于更高的船舶航速。可通过使用经验证的技术装置(限定传至推进器的功率)予以保证。例如考虑船舶具有15MW 的主机，限定推进功率为 12MW。计算 EEDI 的主机功率只使用 12MW 的75％，因为在任何运行情况下，不会有高于 12MW 的功率传给推进器。

若轴带发电机功率小于 P_{AE}，使用主机的单位燃油消耗量计算轴带发电机功率的 75％，使用辅机的 SFC(SFC_{AE})计算总 P_{AE}功率的剩余部分。如 EEDI 计算时使用不同燃料，碳转换系数 C_F也跟随选取不同值。

计算示例：以一艘散货船为例，假定其仅安装了一台主机，其装机功率20000kW，载重吨为 20000DWT，主机和辅机在 NO_x 技术案卷中的燃料消耗率分别为 190g/kWh 和 215g/kWh，且在柴油机台架试验时均使用柴油，因此主机和辅机的碳转换系数 C_F 均取 3.206，即 $MCR_{ME}=20000kW$，$W=20000DWT$，$C_{FME}=3.206$，$C_{FAE}=3.206$，$SFC_{ME}=190g/kWh$，$SFC_{AE}=215g/kWh$

(1) 对于带轴带发电机情况，如其轴带发电机最大额定功率为 500kW，经计算 $0.75\times P_{PTO}<P_{AE}$，即按照选项 1：

$$MCR_{PTO}=500kW$$

$$P_{PTO}=500kW\times 0.75=375kW$$

$$MCR_{ME}=20000kW$$

$$P_{ME}=0.75\times(MCR_{ME}-P_{PTO})=0.75\times(20000kW-375kW)=14719kW$$

$$P_{AE}=(0.025\times MCR_{ME})+250kW=750kW$$

$$EEDI_a=[(P_{ME}\times C_{FME}\times SFC_{ME})+(0.75\times P_{PTO}\times C_{FME}\times SFC_{ME}) +(P_{AE}-0.75\times P_{PTO})\times C_{FAE}\times SFC_{AE})]/(W\times v_{ref})$$

(2) 对于带轴带发电机情况，如其轴带发电机最大额定功率为 1333kW，经计算 $0.75 \times P_{PTO} = P_{AE}$，按照选项 1：

$MCR_{PTO} = 1333kW$

$P_{PTO} = 1333kW \times 0.75 = 1000kW$

$MCR_{ME} = 20000kW$

$P_{ME} = 0.75 \times (MCR_{ME} - P_{PTO}) = 0.75 \times (20000kW - 1000kW) = 14250kW$

$P_{AE} = (0.025 \times MCR_{ME}) + 250kW = 750kW$

$EEDI_a = [(P_{ME} \times C_{FME} \times SFC_{ME}) + (0.75 \times P_{PTO} \times C_{FME} \times SFC_{ME})] / (W \times v_{ref})$

注意，此处可认为辅机功率全部由轴带发电机提供，因此辅机的燃料消耗率和碳转换系数采用主机的燃料消耗率和碳转换系数。

(3) 对于带轴带发电机情况，如其轴带发电机最大额定功率为 2000kW，经计算 $0.75 \times P_{PTO} > P_{AE}$

$MCR_{PTO} = 2000kW$

$0.75 \times P_{PTO} = 0.75 \times 2000kW \times 0.75 = 1125kW > P_{AE} \Rightarrow P_{PTO} = P_{AE}/0.75 = 1000kW$

$MCR_{ME} = 20000kW$

$P_{ME} = 0.75 \times (MCR_{ME} - P_{PTO}) = 0.75 \times (20000kW - 1000kW) = 14250kW$

$P_{AE} = (0.025 \times MCR_{ME}) + 250kW = 750kW$

$EEDI_a = [(P_{ME} \times C_{FME} \times SFC_{ME}) + (0.75 \times P_{PTO} \times C_{FME} \times SFC_{ME})] / (W \times v_{ref})$

注意，$0.75 \times P_{PTO} > P_{AE}$ 的情况下计算主机 P_{ME} 所扣除的 P_{PTO}，以 $P_{AE}/0.75$ 为限。另外，此处可认为辅机功率全部由轴带发电机提供，因此辅机的燃料消耗率和碳转换系数采用主机的燃料消耗率和碳转换系数。

(4) 对于带轴带发电机情况，如其轴带发电机最大额定功率为 2000kW，经计算 $0.75 \times P_{PTO} > P_{AE}$，并采取了功率限定措施，按照选项 2：

$MCR_{PTO} = 2000kW$

$MCR_{ME} = 20000kW$

$P_{shaft,limit} = 18000kW$

$P_{ME} = 0.75 \times (P_{shaft,limit}) = 0.75 \times 18000 = 13500kW$

$P_{AE} = (0.025 \times MCR_{ME}) + 250kW = 750kW$

$EEDI_a = [(P_{ME} \times C_{FME} \times SFC_{ME}) + (P_{AE} \times C_{FME} \times SFC_{ME})] / (W \times v_{ref})$

若设有轴马达，与轴带发电机相比，电动机确实增加了传给推进器的总功率也提高了船舶航速，因此必须包括在 EEDI 计算内的总轴功率中。因此总轴功率为主机功率加上额外的轴带发电机功率：

$$\sum P_{ME(i)} + \sum P_{PTI(i),shaft}$$

式中：

$$\sum P_{PTI(i),shaft} = \sum (0.75 \cdot P_{SM,max(i)} \cdot \eta_{PTI(i)})$$

EEDI 中 $P_{PTI(i)}$ 为每台轴带电动机的额定功率消耗 $P_{SM,max}$（即额定电动机输出除以电动机效率）的 75％除以发电机的加权平均效率 $\eta_{\overline{gen}}$。

$$\sum P_{PTI(i)} = \frac{\sum (0.75 \cdot P_{SM,max(i)})}{\eta_{\overline{gen}}}$$

类似于上述对轴带发电机的功率限定也可用于轴带电动机。如经验证的技术方法限定了推进输出，只使用限定功率的 75％用于 EEDI 计算，并且使用该限定功率确定 v_{ref}。

图 5-2　显示了机械和电力效率或相关设备（PTI 和发电机）的位置。

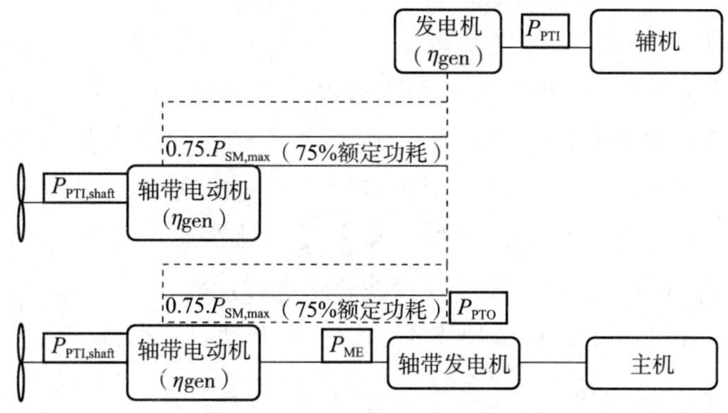

图 5-2　推进和电力系统的典型布置

若安装了轴马达，则 $P_{PTI(i)}$ 为每台轴马达的额定功率消耗的 75％除以发电机的加权平均效率。若船舶设有兼用的轴带发电机（PTO）和轴马达（PTI），则应根据船舶在海上的常规营运模式来确定在 EEDI 计算中使用 P_{PTO} 或 P_{PTI}。例如，若船舶在海上正常营运时该兼用系统是作为轴带发电机用，则计算该船 EEDI 时，公式中应使用 P_{PTO} 参数，而 P_{PTI} 为 0。

若在经验证的文件中明确给出该轴马达系统链的效率，则可用该轴马达系统链效率来代表从配电板到轴马达之间的设备能量损失，代替发电机加权平均效率。

计算示例：一艘散货船，安装一台主机和一台轴马达，其最大额定持续功率为 18000kW，轴马达额定功率 2000kW，轴马达效率为 0.97，发电机加权平均效率为 0.93，$EEDI_a$ 计算示例如下：

$MCR_{ME} = 18000kW$

$$P_{ME} = 0.75 \times MCR_{ME} = 0.75 \times 18000 = 13500kW$$

$$P_{AE} = \left[0.025 \times \left(MCR_{ME} + \frac{P_{PTI}}{0.75}\right)\right] + 250kW$$

$$= \left[0.025 \times \left(18000 + \frac{1612.9}{0.75}\right)\right] + 250kW = 754kW$$

$P_{SM,max} = 2000kW$

$P_{PTI}=0.75\times P_{SM,max}/\eta_{\overline{gen}}=1612.9kW$

$\eta_{PTI}=0.97$

$\eta_{\overline{gen}}=0.93$

$P_{shaft}=P_{ME}+P_{PTI,shaft}=P_{ME}+(P_{PTI}\cdot\eta_{PTI})\cdot\eta_{\overline{gen}}=13500+(1612.9\times0.97)\times0.93=14955kW$

$$EEDI_a=\Big[(P_{ME}\times C_{FME}\times SFC_{ME})+(P_{AE}\times C_{FAE}\times SFC_{AE})+(P_{PTI,shaft}\times C_{FAE}\times SFC_{AE})\Big]/(W\times v_{ref})$$

3. 辅机功率（P_{AE}）

辅机功率 P_{AE}取值为船舶在正常最大海况下以船速（v_{ref}）和最大设计载运能力营运所需辅助机械的功率，包括推进机械/系统和船上生活（例如主机泵、导航系统和设备及船上起居）所需的功率，但不包括不用于推进机械/系统（例如侧推、货泵、起货设备、压载泵、货物维护如冷藏和货物处所通风机等）的功率。在计算 EEDI 时，辅机功率 P_{AE}一般采用下列经验公式进行计算：

(1) 对于主机功率不小于 10000kW 的船舶，其辅机功率按式(5-7)计算。

$$P_{AE}=0.025\times\left(\sum_{i=1}^{n_{ME}}MCR_{ME(i)}+\frac{\sum_{i=1}^{n_{PTI}}P_{PTI(i)}}{0.75}\right)+250 \tag{5-7}$$

(2) 对于主机功率小于 10000kW 的船舶，其辅机功率按式(5-8)计算。

$$P_{AE}=0.05\times\left(\sum_{i=1}^{n_{ME}}MCR_{ME(i)}+\frac{\sum_{i=1}^{n_{PTI}}P_{PTI(i)}}{0.75}\right) \tag{5-8}$$

(3) 对客船和客滚船，若船舶以 v_{ref}航行时按式(5-7)或式(5-8)计算所得的 P_{AE}值与实际所使用的总功率相差很大，则其 P_{AE}应以船舶在 v_{ref}时在电力负荷表中给出的所消耗电功率（不包括推进功率）除以功率加权的发电机平均效率进行估算。电力负荷表的编制要求见 GB/T 30009—2013 中附录 A。

对于内河船舶，辅机功率主要指航行所需的发电机组的原动机功率，不包括燃油锅炉的功率，其取值为船舶正常航行时所需的第 i 台在网辅机 50% 额定功率值。当航行所需的发电机仅由主机驱动（如主机自由端带发电机或轴带发电机）时，$P_{AE(i)}$使用参数 P_{PTO}。

计算示例：某实船安装 2 台辅机，其中 1 台备用，2 台辅机（发电机组的原动机）额定功率均为 60kW，则实际计算时只取其中 1 台，即在网辅机计算，则：

$$P_{AE}=0.5\times60=30kW$$

某实船安装有 1 台主机，且带有轴带发电机 PTO，其功率为 50kW，另安装 1 台辅机作为备用，则此时计算 P_{AE}时应取轴带发电机 PTO 功率，则：

$$P_{AE}=0.5\times 50=25\text{kW}$$

4. 采用创新技术用于推进的功率（$P_{eff(i)}$）

$P_{eff(i)}$应为在 75％主机功率下能效创新技术用于推进的输出功率。此处不应计入直接与轴连接的机械式回收废热能量。若船舶装有双燃料发动机或若干发动机，C_{FME}和 SFC_{ME}应为所有主机的功率加权平均值。

对于内河船舶，$P_{eff(i)}$应为采用第 i 种能效创新技术(例如使用燃料电池、太阳能等)而减少的主机功率。

5. 采用创新技术减少的辅机功率（$P_{AEeff(i)}$）

$P_{AEeff(i)}$应为当船舶在 P_{ME}状态下由于采用了创新型电力能效技术而减少的辅机功率。对于内河船舶，$P_{AEeff(i)}$应为采用第 i 种电力能效技术(例如太阳能发电等)而产生的船舶电站功率可以减少的辅机功率。

六、 燃料消耗率 SFC

柴油机经核定的燃料消耗率 SFC 取值方法如下：

(1)对于 E2 或 E3 试验循环发证的柴油机，燃料消耗率($SFC_{ME(i)}$)为记录在 NO_x技术案卷包括的试验报告中处于发动机 75％MCR 或额定扭矩时的单位燃油消耗量；SFC_{AE}是每台辅柴油机的燃料消耗率($SFC_{AE(i)}$)的功率加权平均值；

(2)对于 D2 或 C1 试验循环发证的柴油机，燃料消耗率($SFC_{AE(i)}$)为记录在 NO_x技术案卷包括的试验报告中处于发动机 50％MCR 或额定扭矩时的单位燃油消耗量。

E2、E3、D2、C1 循环主要按照 GB/T 8190.4—2010《往复式内燃机　排放测量　第 4 部分：不同用途发动机的稳态试验循环》第 8 章的规定。其中，8.3.1.1 规定了循环 C1 的试验工况和加权系数，见表 5-2；8.4.2 规定了循环 D2 的试验工况和加权系数，见表 5-3；8.5.2 规定了循环 E2 和 E3 的试验工况和加权系数，见表 5-4。

表 5-2　循环 C1 的试验工况和加权系数

工况号(循环 C1)	1	2	3	4	5	6	7	8
转速	额定转速				中间转速			低怠速
扭矩/％	100	75	50	10	100	75	50	0
加权系数	0.15	0.15	0.15	0.1	0.1	0.1	0.1	0.15

表 5-3　循环 D2 的试验工况和加权系数

工况号(循环 D2)	1	2	3	4	5			
转速	额定转速					中间转速		低怠速
扭矩/%	100	75	50	10	10			
加权系数	0.05	0.25	0.3	0.3	0.1			

表 5-4　循环 E2 和 E3 的试验工况和加权系数

工况号(循环 E2)	1	2	3	4							
转速	额定转速					中间转速					低怠速
扭矩/%	100	75	50	25							
加权系数	0.2	0.5	0.15	0.15							
工况号(循环 E3)	1	2	3	4							
转速	100	91	80	63							
扭矩/%	100	75	50	25							
加权系数	0.2	0.5	0.15	0.15							

SFC 值应为按 GB/T 6072.1—2008《往复式内燃机　性能　第 1 部分：功率、燃料消耗和机油消耗的标定及试验方法　通用发动机的附加要求》和 GB/T 21404—2008《内燃机　发动机功率的确定和测量方法　一般要求》，使用燃油标准低热值(42700kJ/kg)修正到标准基准状况下的值。对于 LNG 发动机，以千焦每千瓦时(kJ/kW・h)为单位的 SFC 应使用 LNG 的标准低热值(48000kJ/kg)修正为以克每千瓦时(g/kW・h)为单位的 SFC 值。

对于传统型客船和客滚船，若其 P_{AE} 值按式(5-7)或式(5-8)计算所得的值与其在正常航行下所使用的实际总功率相差很大，则该辅发电机燃料消耗率 SFC_{AE} 取记录在 NO_x 技术案卷包括的试验报告中处于发动机 75%MCR 或额定扭矩时的单位燃油消耗量。对于因功率小于 130kW 而不具有 EIAPP 证书的柴油机，应使用由柴油机制造商规定的并经主管机关或船级社签注的 SFC 值。

七、 修正系数

1. 功率修正系数 f_j

f_j 为用于补偿船舶特殊设计因素的修正系数，该系数也是为船舶特定设计要素的一个专门修正系数，f_j 系数的值为 1.0。但下列情况除外，对于具有冰级附加标志或船级社的等效附加标志，f_j 修正方法见表 5-5，并在 f_{j0} 和 $f_{j,min}$ 中取较大值，但最大为 1.0；对该表中未包含的其他船型，取值为 1.0；对于具有推进冗余的穿梭运输油船(其定义为在 80000 和 160000 载重吨之间、设有双发动机和双螺旋桨并具有动力定位和冗余推进附加标志的油船)，f_j 系数应为 0.77。对于非入级船，应能提供验证方认可的相关证明文件。

表 5-5　冰区加强船舶的 f_j 系数

船舶类型	f_{j0}	冰级极限 $f_{j,min}$			
		B3	B2	B1	B1*
液货船	$\dfrac{0.308L_{PP}^{1.920}}{\sum_{i=1}^{n_{ME}} P_{ME(i)}}$	$0.70L_{PP}^{0.06}$	$0.45L_{PP}^{0.13}$	$0.27L_{PP}^{0.21}$	$0.15L_{PP}^{0.30}$
散货船	$\dfrac{0.639L_{PP}^{1.754}}{\sum_{i=1}^{n_{ME}} P_{ME(i)}}$	$0.87L_{PP}^{0.02}$	$0.73L_{PP}^{0.04}$	$0.58L_{PP}^{0.07}$	$0.47L_{PP}^{0.09}$
杂货船	$\dfrac{0.0227L_{PP}^{2.483}}{\sum_{i=1}^{n_{ME}} P_{ME(i)}}$	$0.67L_{PP}^{0.07}$	$0.56L_{PP}^{0.09}$	$0.43L_{PP}^{0.12}$	$0.31L_{PP}^{0.16}$

注 1：L_{PP} 表示船舶垂线间长的数值，单位为米(m)。

注 2：B1*、B1、B2 和 B3 为中国船级社《钢质海船入级规范》中的冰级标志，分别对应《芬兰—瑞典冰级规则》(FSICR)的 IA Super、IA、IB 和 IC 冰级。

2. 载运能力修正系数 f_i

f_i 系数是用于补偿船舶因技术或规定要求而造成载运能力限制的修正系数，该系数默认值为 1.0。但下列情况除外，对于芬兰-瑞典冰级附加标志或船级社的等效附加标志，载运能力修正系数应按表 5-6 选取，并在 f_{i0} 和 $f_{i,max}$ 中取较小值，但最小为 1.0。

表 5-6　冰区加强船舶的 f_i 系数

船舶类型	f_{i0}	冰级极限 $f_{i,max}$			
		B3	B2	B1	B1*
液货船	$\dfrac{0.00138L_{PP}^{3.331}}{W}$	$1.27L_{PP}^{-0.04}$	$1.47L_{PP}^{-0.06}$	$1.71L_{PP}^{-0.08}$	$2.10L_{PP}^{-0.11}$
散货船	$\dfrac{0.00403L_{PP}^{3.123}}{W}$	$1.31L_{PP}^{-0.05}$	$1.54L_{PP}^{-0.07}$	$1.80L_{PP}^{0.09}$	$2.10L_{PP}^{-0.11}$
杂货船	$\dfrac{0.0377L_{PP}^{2.625}}{W}$	$1.28L_{PP}^{-0.04}$	$1.51L_{PP}^{-0.06}$	$1.77L_{PP}^{-0.08}$	$2.18L_{PP}^{-0.11}$
集装箱船	$\dfrac{0.1033L_{PP}^{2.329}}{W}$	$1.27L_{PP}^{-0.04}$	$1.47L_{PP}^{-0.06}$	$1.71L_{PP}^{-0.08}$	$2.10L_{PP}^{-0.11}$
气体运输船	$\dfrac{0.0474L_{PP}^{2.590}}{W}$	$1.25L_{PP}^{-0.04}$	$1.60L_{PP}^{-0.08}$	$2.10L_{PP}^{-0.12}$	1.25

注：W 为载运能力。

对于具有自愿结构加强的船舶，其载运能力修正系数按式(5-9)计算。

$$f_{i\mathrm{VSE}}=\frac{\mathrm{DWT_{ref}}}{\mathrm{DWT_{enh}}}=\frac{\Delta_{\mathrm{ship}}-\mathrm{LWT_{ref}}}{\Delta_{\mathrm{ship}}-\mathrm{LWT_{enh}}} \tag{5-9}$$

式中：

$f_{i\mathrm{VSE}}$——具有自愿结构加强的船舶载运能力修正系数；

$\mathrm{DWT_{ref}}$——应用结构加强前的载重吨，单位为吨(t)；

$\mathrm{DWT_{enh}}$——应用自愿结构加强后的载重吨，单位为吨(t)；

Δ_{ship}——船舶排水量，单位为吨(t)，计算时，对基本设计及加强设计船舶应取相同的排水量；

$\mathrm{LWT_{ref}}$——应用结构加强前的空船重量，单位为吨(t)；

$\mathrm{LWT_{enh}}$——应用自愿结构加强后的空船重量，单位为吨(t)。

按式(5-9)计算时，如果基本设计与自愿结构加强设计之间，因材质变化(例如从铝合金变为钢材)或相同材料等级的变化(例如钢材类型、等级、性能和条件等)，则不应用 $f_{i\mathrm{VSE}}$ 修正载重吨。

对于按照《散货船共同结构规范》和《双壳油船共同结构规范》(CSR)建造且具有CSR附加标志的散货船和油船，$f_{i\mathrm{CSR}}$应按式(5-10)计算。

$$f_{i\mathrm{CSR}}=1+\left(0.08\times\frac{\mathrm{LWT_{CSR}}}{\mathrm{DWT_{CSR}}}\right) \tag{5-10}$$

式中：

$f_{i\mathrm{CSR}}$——按CSR建造的用于补偿船舶因技术或规定要求而造成载运能力限制的修正系数；

$\mathrm{LWT_{CSR}}$——按CSR建造的船舶空船重量，单位为吨(t)；

$\mathrm{DWT_{CSR}}$——按CSR建造的船舶载重吨，单位为吨(t)。

对表5-6中未包括的其他船型，则取值为 $f_i=1.0$。

3. 舱容修正系数 f_c

f_c一般取值为1.0。对化学品船，当 $R<0.98$ 时，f_c应按式(5-11)选取，当 $R\geqslant0.98$时，取值为 $f_c=1.0$；对于建造或改造且用于散装载运液化天然气的具有柴油机直接驱动的推进系统的气体运输船，f_c应按式(5-12)选取。

$$f_c=R^{(-0.7)}-0.014 \tag{5-11}$$

$$f_c=R^{-0.56} \tag{5-12}$$

式中：R——船舶载重吨(单位为t)与液货舱总容积量(单位为 $\mathrm{m^3}$)之间的比值。

4. 失速系数 f_w

f_w是无量纲系数，显示在波高、波频和风速(例如蒲氏风级6级)等有代表性的海况中航速的降低，在计算Attained EEDI时通常取1.0。如使用计算 f_w时，计算方法应采用公认方法并由验证方批准。

5. 能效系数 f_{eff}

f_{eff}反映任何能效创新技术的适用系数。对于废热回收系统，则取值为$f_{eff}=1.0$。

第四节　电力负荷表的编制

GB/T 30009—2013 中附录 A 是对电力负荷表的要求。标准对电力负荷表的数据元素、负荷分组、各种负荷的描述以及负荷表格式等做出了规定，并给出了一艘载有乘客并具有车库和渔业贸易运输冷藏货舱的豪华邮轮 EEDI 电力负荷表编制的示例。关于 GB/T 30009—2013 中 A.4 对负荷的分组，其编号均与 IMO 有关规定保持一致。

一、 EEDI 电力负荷表的数据定义

用于 EEDI 计算的电力负荷表应包括以下 16 个数据元素：

- 负荷组；
- 负荷描述；
- 负荷标识标签；
- 负荷电路标识；
- 负荷机械额定功率 P_m，单位为千瓦(kW)；
- 负荷电动机额定输出功率，单位为千瓦(kW)；
- 负荷电动机效率 e；
- 负荷额定电功率 P_r，单位为千瓦(kW)；
- 负荷使用系数 k_l；
- 负荷连续使用系数 k_d；
- 负荷间断使用系数 k_t；
- 负荷总使用系数 k_u；
- 使用负荷 P_{load}，单位为千瓦(kW)；
- 备注；
- 组的必需功率，单位为千瓦(kW)；
- 辅机机械负荷功率 P_{AE}，单位为千瓦(kW)。

二、 EEDI 电力负荷表数据

1. 负荷组

将负荷组分为了 12 个组，将负荷放入规定的组内对辅助机械进行分类。分组

如下：

A 组——用于船体、甲板、航行和安全的负荷；

B 组——用于推进作业辅助机械的负荷；

C 组——用于辅机和主机的负荷；

D 组——船舶通用负荷；

E 组——用于机舱和辅助机械处所通风的负荷；

F 组——用于空调的负荷；

G 组——用于厨房、制冷和洗衣间的负荷；

H 组——用于起居处所的负荷；

I 组——用于照明和插座的负荷；

L 组——用于娱乐的负荷；

M 组——用于货物的负荷；

N 组——其他负荷。

除 P_{AEeff}、轴马达和轴马达链外，所有船舶负荷应在文件中予以描述。对于组中所包括的其他负荷(例如，推力器、货泵、起货装置、压载泵、货物维护、冷藏集装箱和货舱风机)，其负荷使用系数为 0。

A 组包括：用于船体的负荷包括 ICCP 系统、系泊设备、各种动力操作门、压载系统、舱底水系统、防摇设备等典型系统和设备的负荷。压载系统的负荷使用系数显示为 0；甲板负荷包括甲板和阳台清洗系统、救助系统、起重机等典型系统和设备的负荷；航行负荷包括航行系统、内部和外部通信系统、操舵系统等典型系统和设备的负荷；安全负荷包括主动和被动消防系统、应急关闭系统、公共广播系统等典型系统和设备的负荷。

B 组包括：推进辅助用次要冷却系统，例如轴带电动机专用低温冷却泵、推进变换器专用低温冷却泵、推进不间断电源(UPS)等。推进作业辅助机械还包括操纵助推设备，例如：操纵助推器及其辅助机械，但其使用系数应为 0。B 组不包括：轴马达($PTI_{(i)}$)和作为其组成部分的辅助机械(例如轴马达自带冷却风机和泵等)；轴马达链的损耗和作为其组成部分的辅助机械[例如轴马达变换器及其相关辅助机械(如变换器自带冷却风机和泵)的损耗；轴马达变压器及其相关辅助机械(如推进变压器冷却风机和泵)的损耗；轴马达谐波滤器及其相关辅助机械的损耗；轴马达励磁系统及其相关辅助机械消耗的功率等]。

C 组包括：冷却系统，即用于交流发电机或发动机冷却系统的泵(海水、淡水泵等)和风机；滑油和燃油供给、驳运、处理和储存系统；燃烧用空气供应通风系统等。

D 组包括提供通用负载的负荷，能在轴马达、主辅机以及起居支持系统之间共享。D 组包括的典型负荷为冷却系统，即海水系统、淡水主循环系统、压缩空气系统、制淡装置、自动化系统等。

E组包括为机舱和辅机舱提供通风的所有风机，典型负荷为机舱送风机和抽风机；辅机舱送风机和抽风机。E组不包括服务于起居处所或供给燃烧空气的所有风机；用于货舱通风的风机以及车库的送风机和抽风机。

F组为空调系统的所有负荷，典型负荷为空调冷却器；空调冷却和加热介质驳运和处理装置；空调空气处理装置；空调再加热系统及其相关泵等。空调冷却器的负荷使用系数、负荷间断使用系数和负荷连续使用系数应设为1($k_l=1$，$k_t=1$，$k_d=1$)。但仅当热负荷耗散文件证实备用冷却器的数量时，k_d应代表备用冷却器的使用(如果安装了四个冷却器，其中一个是备用冷却器，则备用冷却器$k_d=0$，其余三个冷却器$k_d=1$)。

G组是与厨房、配餐间制冷和洗衣间服务相关的所有负荷，典型负荷为厨房的各种机械、烹调设备；厨房的清洗机械；厨房辅机、冷库制冷系统包括制冷压缩机及其辅机、空气冷却器等。

H组是与乘客和船员的起居负载相关的所有负荷，典型负荷为船员和乘客的运输系统(升降机、自动扶梯等)；生活污水系统(黑水和灰水收集、驳运、处理、储存、排放)；垃圾系统(包括收集、驳运、处理、储存等)；生活用水驳运(盥洗热水和冷水的泵吸等)；处理装置、游泳池系统、桑拿、健身设备等。

I组是与照明、娱乐和插座负载相关的所有负荷分为以下两个小组(应被主竖区分隔)：第一组为以下处所的照明：居住舱室、走廊、控制站/梯道、公共处所/梯道、机舱和辅机舱、外部区域、车库、货物处所；第二组为以下处所的电源插座负载：居住舱室、走廊、控制站/梯道、公共处所/梯道、机舱和辅机舱、车库、货物处所。对复杂组(如居住舱室照明和电源插座的小组)进行计算时，应将其再划分成小组，并附上解释性说明(显示负荷的组成，如典型居住舱室的灯具、电视、吹发器、冰箱等)。

L组是娱乐负载包括与娱乐负载相关的所有负荷，典型负荷为公共处所音频和视频设备、剧院舞台设备、办公室IT系统、视频游戏等。

M组是货物负荷，主要包括：货泵、起货装置、货物维护、冷藏集装箱、货舱风机和车库风机。M组的负荷使用系数应取0。

N组包括其他所有的与上述各组无关的负荷，正常航行时最大总负荷的计算应包含该组负荷。

2. 负荷描述

对负荷进行识别和确定(如海水泵)。

3. 负荷标识标签

应按船厂的标准标签系统对负荷进行标识。例如，对示例船舶和船厂的“PT11淡水泵”的标识标签是“SYYIA/C”。该数据为每一负荷提供唯一标识。

4. 负荷电路标识

应提供负荷供电电路的标签。此信息有助于数据认证过程。

5. 负荷机械额定功率 P_m

电动机驱动的机械设备的额定功率。仅当驱动机械载荷(如风机、泵等)的电动机产生电负荷时，在文件中填入此数据。

6. 负荷电动机额定输出功率

按制造商铭牌或技术规格书确定的电动机输出功率。此数据不参与计算，但可用于显示电动机-机械组合可能存在的超负荷。

7. 负荷电动机效率 e

仅当驱动机械载荷的电动机产生电负荷时，在文件中填入此数据。

8. 负荷额定电功率 P_r

典型为按制造商铭牌或技术规格显示的、在负载按其用途设计使用时吸收的最大电功率。当驱动机械载荷的电动机产生电负荷时，负荷额定电功率为 $Pr=P_m/e$。

9. 负荷使用系数 k_l

表征负荷吸收功率少于额定功率的减少量。例如，用电动机驱动机械载荷时，风机可设计成具备一定的功率裕量，使风机的额定机械功率超过其服务的管道系统要求的功率。

10. 负荷连续使用系数 k_d

若一项功能由一个以上负荷提供，应使用负荷连续使用系数。例如，当两台泵以工作/备用方式服务于相同管路，其 k_d 系数应各为 1/2。当三台压缩机服务于相同管路，一台工作而其余两台备用，k_d 系数应各为 1/3。

11. 负荷间断使用系数 k_t

负荷间断使用系数基于船舶 24h 航行期间船厂对负荷工作时间的评估。例如，娱乐负荷在其功率下运行有限的一段时间(24h 中的 4h)，则 $k_t=4/24$。

12. 负荷总使用系数 k_u

负荷总使用系数 k_u 按式(5-13)计算。

$$k_u=k_l \cdot k_d \cdot k_t \tag{5-13}$$

13. 使用负荷 P_{load}

使用负荷 P_{load} 为辅助机械负荷中单个负载功率，按式(5-14)计算。

$$P_{load}=P_r \cdot k_u \tag{5-14}$$

14. 备注

应设置备注栏，以对负荷的分组和计算进行解释。

15. 组的必需功率

A 组～N 组的“使用负荷”的总和。该中间步骤对计算 P_{AE} 不是必须的，但对 P_{AE} 进行量化分析时，可提供标准分类和潜在节能改进。

16. 辅助机械负荷的功率 P_{AE}

辅机负荷的功率 P_{AE} 为所有“使用负荷”的总和除以发电机的加权平均效率。

三、 电力负荷表格式

EEDI 电力负荷表应包括船名、工程名、文件参考等一般信息及下列信息：

(1) 列标题为一行；

(2) 行标识为一列；

(3) 组标识(A～M)为一列；

(4) 组描述为一列；

(5) 负荷标识标签等所述的每一项为一列；

(6) 每一单独负荷专门使用一行；

(7) 包括组的必需功率、辅助机械负荷的功率 P_{AE} 的数据的总和结果；

(8) 备注。

第六章 船舶能效设计指数验证方法

第一节　绪论

一、 标准制定背景

本标准主要与 GB/T 30008—2013《节能型船舶能效设计指数基准线值》的配套实施而制定的，用以验证船舶的 EEDI 值。

为便于 EEDI 的验证，IMO 于 2009 年 8 月 17 日批准并发布了 MEPC. 1/Circ. 682 通函《EEDI 自愿验证临时指南》，供业界试用，并于 2012 年 3 月 2 日通过了 MEPC. 214(63)决议《2012 年能效设计指数(EEDI)检验与发证导则》。根据 IMO 的有关公约要求，中国船级社于 2010 年 3 月 9 日下发了 CCS 通函《关于自愿实施 IMO"新造船 EEDI 设计指数计算方法临时指南"及"EEDI 自愿验证临时指南"的通知》，并于 2012 年 12 月印发了《船舶能效设计指数(EEDI)验证指南》。这些工作都为本标准的编制积累了经验，奠定了基础。

在能效设计指数验证时，既要考虑不同船型的验证要求，还要考虑不同推进系统的验证要求。在考虑验证不同船舶类型能效设计指数的同时，还要考虑到对标准相关术语的理解、设计阶段的前期验证、试航阶段的最终验证等问题。本标准主要提供能效指数验证的基本方法，从而为准确界定节能型船舶提供指导，更好地满足检验使用的需求。

二、 标准制定过程

本标准是与 GB/T 30008—2013《节能型船舶能效设计指数基准线值》等其他 4 项标准同步开展编制的，用以支撑国家车船税减免政策的实施。

在编制过程中，编制组分别搜集了相关的国际公约、国内外标准、规范等资料，如 IMO 的《2012 年能效设计指数(EEDI)检验与发证导则》、中国船级社的《绿色船舶规范》《内河绿色船舶规范》《船舶能效设计指数(EEDI)验证指南》《内河船舶能效设计指数(EEDI)评估指南》等技术资料。经过多方征求意见，共收到 8 个单位回函，有3个单位提出意见共12条。编制组对各单位回复的意见进行了逐条处理，并修改标准文本形成送审稿。

2012年8月23日，全国海洋船标准化技术委员会在上海组织召开了标准审查会，对本标准送审稿及相关材料进行了认真审查。经过与会专家的热烈讨论，一致同意通过本标准的审查。专家审查组一致认为如下：

(1) 该标准规定了12种国际航行海洋运输船舶、3种国内航行海洋运输船舶和6种内河运输船舶在设计阶段和试航阶段对“达到的EEDI值”进行验证的方法，技术内容科学合理，达到了国际先进水平；

(2) 该标准的发布实施，将为验证船舶达到的EEDI值(Attained EEDI)提供指导，也为我国船舶车船税减免政策的实施提供技术支撑。

2013年10月10日，国家标准化管理委员会发布了GB/T 30010—2013《船舶能效设计指数验证方法》，并于2013年11月1日起实施。

第二节 验证程序

新建船舶EEDI验证包括设计阶段的前期验证和试航阶段的最终验证如图6-1～图6-3所示。在验证过程中，验证方按照EEDI验证方法进行EEDI验证；验证方可以是相关的国家机构，或拥有进行EEDI验证所必需的技术专长的其他组织(如船级社)。

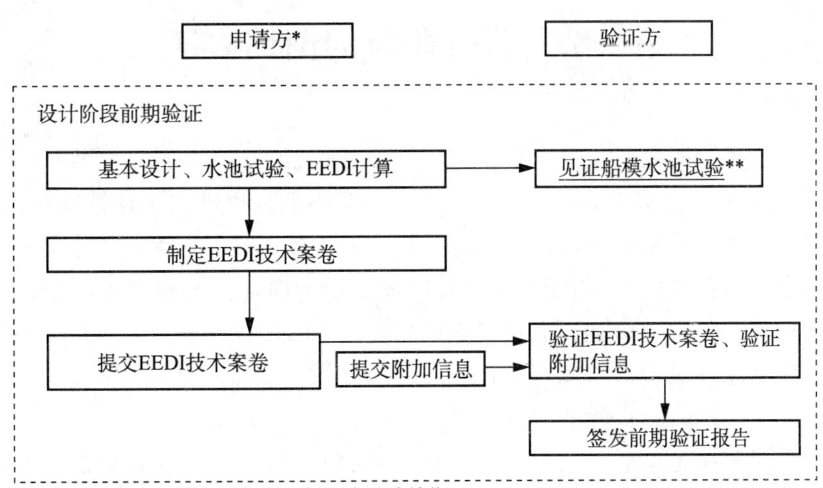

图6-1 设计阶段前期验证程序

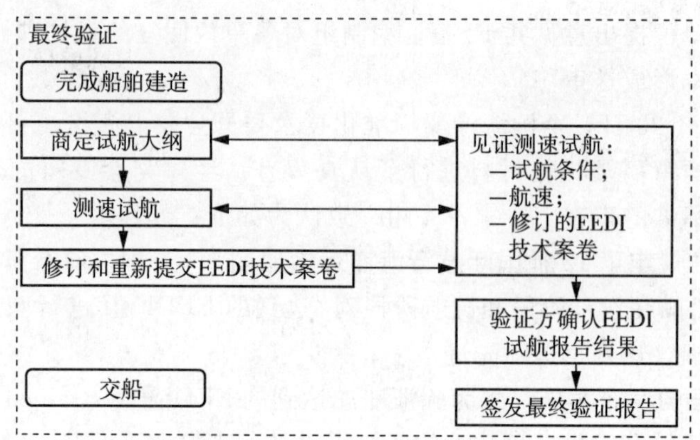

图 6-2　试航阶段的最终验证程序

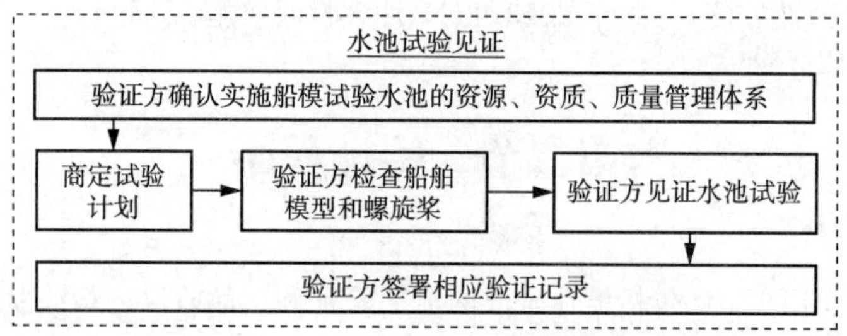

图 6-3　水池试验见证流程

第三节　设计阶段的前期验证

关于 EEDI 前期验证，由于是在设计阶段对船舶 EEDI 进行计算验证，所以需要设计单位在完成船舶基本设计和水池试验的基础上，提供用于计算获得的 EEDI 的相关参数数据，形成 EEDI 技术案卷并提交相关审核方(一般为主管机关授权的船级社)进行认可。其中，由于用于设计阶段的前期验证的功率曲线必须基于可靠的水池试验结果，所以验证方有权要求船厂提供 EEDI 技术案卷之外相关附加信息材料，以证明水池试验结果的可靠性。

在提交 EEDI 前期验证申请前，船舶设计单位和(或)造船企业应先完成船舶的基本设计并进行水池试验，获得用于计算达到的 EEDI 值的相关参数数据后，再按照 GB/T 30009—2013 规定的方法计算达到的 EEDI 值。

一、 EEDI 技术案卷

设计阶段的前期验证应提交达到的 EEDI 值前期验证申请，同时还应提交一份包含验证信息的 EEDI 技术案卷以及其他相关背景文件。

EEDI 技术案卷至少应包括下列内容：

(1) 相关设计参数，主要包括：船舶载重吨(DWT)[对客船和客滚船为总吨(GT)]；主机和辅机的最大持续功率(MCR)；在主机的 75%MCR 以及满载吃水下深水中的航速；主机在 75%MCR 功率下的燃料类型及燃料消耗率(SFC)；辅机在 50%MCR 功率下的燃料类型及燃料消耗率(SFC)；用于特定船舶类型计算 EEDI 用的电力负荷表；电力负荷表应按照 GB/T 30009—2013 中附录 A 的要求编制，并按照 GB/T 30010—2013 中附录 B 的要求验证。对于满载吃水，海船对应于夏季载重吃水，内河船对应于载重线吃水；集装箱船取 70%DWT。

(2) 在满载吃水下设计阶段的估算功率曲线，如果试航是在非满载状态下进行的，还应有在试航条件下的估算功率曲线；

(3) 主要参数、船型以及将船舶归于该船型的相关资料、船级符号、船上推进系统和电力供应系统的总体情况；

(4) 设计阶段(经水池试验后修正)得出的船舶在满载(集装箱船为 70%DWT，DWT 为船舶载重吨)吃水下和假定无风无浪无流和深水条件下估算的功率曲线(kW-knot)；如果预计试航在非满载吃水下进行，则除上述(2)之外，还应通过水池试验得出船舶在该预计试航工况下和假定无风无浪无流和深水条件下估算的功率曲线(kW-knot)；

(5) 节能设备的描述；

(6) 船舶达到的 EEDI 值的计算值，该计算概述应至少含有用于确定船舶达到的 EEDI 值的每一计算参数值和计算过程；

(7) 相关修正系数。如按船级社共同结构规范(CSR)建造的船舶，则还包括 CSR 船修正系数(f_{iCSR})；如采用自愿结构加强船舶，则还包括自愿结构加强修正系数(f_{iVSE})，同时应按 EEDI 计算要求，提供加强前和加强后两套结构图纸供审核；作为一种替代方法，也可只提交一套基本设计的结构图纸，但其应带有自愿结构加强的标识；

(8) 若船舶安装了双燃料发动机且该船主要以气体燃料工作时，则碳转换系数 C_F 及其燃料消耗率(SFC)应选用主要使用的气体燃料消耗率。为便于验证，应提供以下两项能够证明船舶主要使用气体作为燃料的相关资料：蒸发气体使用情况或气体燃料储存舱容量以及燃料储存舱容量；船舶预定作业区域的气体燃料加注设施布置；

(9) 如果自愿对推进功率采用可验证的方式进行限制时，应包括推进功率限定措施的说明。

二、 水池试验

水池试验系指 EEDI 验证所需的模型阻力试验、自航试验和螺旋桨敞水试验。

验证方可要求验证申请方提供EEDI技术案卷之外的附加信息资料包括船模水池及水池试验的相关资料和试验数据和分析结果，主要包括：

(1) 水池试验设施的描述：例如设施名称、水池及拖曳设备的技术细节、监测设备的校准记录等；

(2) 船模与实船的型线(例如型线侧视图、型线横剖图和半宽图)，型线细节应足以证明船模与实船之间的相似性以验证水池试验的合适性；

(3) 船舶空船重量和排水量以验证载重吨；

(4) 水池试验方法及结果的详细报告，至少应包括试航条件和满载条件下的水池试验结果；

(5) 船速的详细计算过程，应包括对诸如粗糙度系数、伴流分数的经验型参数的估计基础；

(6) 免除水池试验的理由(若适用)：包括具有相同船型船舶的线型及水池试验结果，模型与实船的主要参数之间的对比以及相关的技术证明。

经验证方许可，数值计算可等同于模型螺旋桨敞水试验予以接受。如只有一个母型船船型通过水池试验进行验证，可根据数值计算为制定航速功率曲线提供依据，以评估附加船体特征(例如船首球鼻变化，鳍和水动力节能设备)的影响，并提交相应的计算评估报告。数值计算可包括基准航速 v_{ref} 时推进效率的CFD计算，以及船体阻力变化和螺旋桨敞水效率。这些数值计算应按接受的标准(ITTC 7.5-03-01-04的最新版或等效文件)进行。对于未修改的母船船型的CFD计算值和拖曳水池试验结果之间的比较，必须提交进行评审。

对于相同类型船舶，可基于技术依据(例如水池试验结果的可用性)来免除单个船舶的水池试验。应提供相同船型船舶的线型及水池试验结果，以及与实船的主要参数之间的对比。还应提供技术证明解释为什么水池试验是不必要的。另外，如果某船将在试航阶段以满载吃水进行试航试验，经船东和造船厂同意并经验证方许可，则可免除水池试验。

在拖曳水池试验开始之前，验证申请方应将试验计划提交给验证方。由于拖曳水池试验的详细过程取决于每个提交方的做法，应在提交给验证方的文件中包括足够信息以表明拖曳水池试验过程。在商定试验计划之后，验证申请方应通知验证方需见证的试验。验证申请方应告知验证方试验计划中商定活动的任何变化，并向验证方提供拖曳水池试验报告和航速试验预报结果。

水池试验机构所采用的模型一船舶关联方法应适当地形成文件并参考ITTC程序7.5-02-03-1.4或后续修订版。

为确保水池试验质量，进行EEDI前期验证而进行船模试验的试验机构/单位，应参照国际拖曳水池委员会(ITTC)的质量体系要求，通常应为ITTC成员，其试验程序能够满足ITTC的相关程序。试验单位同时还应经过ISO 9001质量管理体系认证，并对试验人员资质以及服务提供进行有效管理和监控。

用于预报船舶基准航速的试验通常在船模拖曳水池中进行。拖曳水池的尺度和水深应与使用的模型的长度、试验速度相适应，水池模型试验应具有足够的测量段长度和测量时间。试验场所应配备针对阻力试验、自航试验及螺旋桨敞水试验的设备和测量仪器。

试验单位对试验设备进行有效管理，定期进行校准并予以记录，确保监测、测量和试验设备的有效性，以此保证试验结果的准确性。

试验用船模和桨模应符合 EEDI 验证的要求。船模需要根据提供的船舶线型制作，确保试验过程中模型保持良好、船模的排水量正确。

试验场所应在每次试验前，根据 ITTC 建议程序制定试验程序大纲；试验大纲应包括阻力/自航/螺旋桨敞水试验的试验模型状况、设备安装以及需测量参数，包括针对上述试验的测量仪器的使用及测量精度的说明、试验流程以及数据的获取与分析；并能对试验结果进行可靠性分析，以及试验后出具报告应包括信息。

试验单位对试验过程中产生的数据进行有效管理。包括在试验过程中，对试验关键数据、结果等做适当的记录；试验结束后，能够将试验结果用图线表示，如阻力系数、伴流分数、推力减额和收到功率曲线。试验记录、试验资料和预报分析应存档保留。

试验场所具有相应的试验数据管理、分析软件平台；船模水池试验数据积累能够满足所试验船型修正精度要求。

第四节　试航阶段的最终验证

关于 EEDI 的建造后验证，由于是在试航阶段对船舶 EEDI 进行最终确认，所以需要获得船舶试航绘制功率曲线的相关参数，主要包括：吃水和纵倾、环境状况、航速、主辅机的轴功率等。将最后得出的功率曲线(要求对速度进行标定)与设计阶段的功率曲线进行对比，如果有误差，设计单位须根据试航结果对船舶 EEDI 重新进行评估修订后提交验证方。以此参数及 EEDI 最终技术案卷作为船舶检验发证的依据，IMO MEPC. 1/Circ. 682 给出了具体的评估及确认的方法。此外，试航验证过程中如海况和工况存在差异，试航航速须参照 GB/T 30007—2013《船舶和海上技术　通过分析测速试航数据以确定速度和功率性能的评估导则》(ISO 15016：2002，IDT)相关规定进行修正。

EEDI 最终验证时申请方提交资料主要包括：测速程序，应包括所有测量项目，以及用于制定试航条件下功率曲线的相应的测量方法；最终的排水量表（或静水力表）和倾斜试验测得的空船重量，或载重吨检验报告的副本一份；NO_x 技术案卷副本（若在前期验证时没有提交）。

EEDI 最终验证包括内容：对试航大纲的确认、对试航条件的确认、从试航获得数据对航速的确认，以及对经修订和重新提交的 EEDI 技术案卷的验证。

吃水和纵倾应在测速前通过测量吃水进行确认，吃水和纵倾应尽可能接近用于估计功率曲线的假定条件。海况应根据 GB/T 30007—2013 或等效标准进行测量；航速应根据 GB/T 30007—2013 或等效标准（如 ITTC 程序 7.5-04-01-01 速度和功率测试（2012 年第一版）第 1 部分或英国船舶研究协会（BSRA）航速试验分析标准方法）进行测量，并且应在多于两个功率点测量船速，其中包含在主机 75％MCR 下的船速。

试航时应测量和记录的数据一般应包括：

- 试航时间和持续时间；
- 吃水标记读数；
- 空气和海水温度；
- 主机设定；
- 航向（rad）；
- 对地航速（m/s）；
- 螺旋桨转速（r/min）；
- 测量的功率（kW）；
- 相对风速（m/s）；
- 相对风向（rad）；
- 平均波浪周期（海水和涌浪）（s）；
- 有义波高（海水和涌浪）（m）；
- 波浪入射角（海水和涌浪）（rad）；
- 舵角（rad）；
- 偏航角（rad）。

应对在试航时获得的功率曲线与设计阶段的估计功率曲线进行比较，如果两者之间有差异，则应重新计算船舶达到的 EEDI 值：

(1) 如果船舶试航是在满载吃水条件下进行，应使用在试航时在计算 $EEDI_a$ 所选取的主机功率（P_{ME}）下测得的船速重新计算 $EEDI_a$；

(2) 如果船舶试航不能在满载吃水条件下进行，则应通过 GB/T 30010—2013 中的修正方法将船速修正到满载吃水条件下的船速，再重新计算 $EEDI_a$。

若根据试航时确认参数对 EEDI 技术案卷进行修订，应重新提交给验证方确认修订后的 $EEDI_a$ 值。

为 EEDI 最终验证进行航速试验测试的机构/单位，应配备航速试验所需的设备和测量仪器。其试验程序能够满足 GB/T 30007—2013 或等效标准的相关程序。试验单位应经过 ISO 9001 质量认证，相应的试验人员应持检测员证，试验单位应对试验人员资质以及服务进行有效管理和监控。

试验机构/单位对测量仪器进行有效管理，定期计量并予以记录，确保监测、测量设备的有效性，以此保证试验结果的准确性。试验机构/单位对试验过程中产生的数据进行有效管理，包括在试验过程中，对试验关键数据、结果等做适当的记录。试验记录文件、试验资料和分析结果应存档保留。

现有船的 EEDI 验证通过满载试航进行验证。如不能在满载情况下进行验证，则应提供相应的船模试验资料，经验证方同意，可采用压载航行验证。当采用压载航行验证时，需要提供船模水池试验相关资料完成最后的航速修正。但可不要求现有船重新进行船模试验并由验证方见证，验证方可接受该船舶以前的水池试验资料，或相同船型的水池验证资料。现有船试航验证流程参照新建船试航验证流程。

EEDI 验证重要节点见表 6-1。

表 6-1 EEDI 验证重要节点

序号	项目	验证方检验方式	应提交验证方的文件	备注
1	EEDI 技术案卷	审查	4.2.3 条所要求的相关资料	
2	功率的限制	审查	技术性限制措施的验证文件	仅适用于设置了功率限制措施的情况
3	电功率表(如有)	审查	EPT-EEDI 表	如果航行所需辅机功率明显不同于 P_{AE} 的估算值
4	水池测量设备的校准	审查和见证	校准报告	随机检查测量设备的校准记录是否有效
5	模型试验-船模	审查和见证	船体型线图和型值表船模报告	
6	模型试验-桨模	审查和见证	桨模报告	
7	模型试验-阻力试验、自航试验和螺旋桨敞水试验	审查和见证	水池试验报告	如使用备用桨，可不进行螺旋桨敞水试验。但备用桨的敞水特性应作为水池试验报告的附件

续表 6-1

序号	项目	验证方检验方式	应提交验证方的文件	备注
8	模型到实船的外推和修正	审查	外推和修正的计算报告	检查 EEDI 工况和试航工况下的功率一航速曲线使用相同计算方法和修正方法。 参照 ITTC 7.5-02-03-01.4 1978 ITTC 性能预报方法(2011年第2版及后续修订版本)
9	替代水池试验的数值计算(如有)	审查	计算报告	参照 ITTC 7.5-03-01-04(最新版本)
10	试航前 EPT-EEDI 表中设备功率的核查(如有)	见证		仅适用于 P_{AE} 通过 EPT 计算的情况
11	试航大纲	审查	测速试航大纲	检查测量功率点至少 3 个; 核查 EPT-EEDI(当 P_{AE} 通过 EPT-EEDI 进行计算)
12	试航	见证		检查: ● 推进功率,主机状况; ● 吃水和纵倾; ● 海况; ● 航速; ● 轴功率和转速; 检查主机或轴功率限制情况(如使用)。 检查 EPT-EEDI 中某些设备的功率消耗是否符合 EPT 列明的试航的情况(当 P_{AE} 通过 EPT 计算的情况)
13	试航-修正计算	审查	试航报告	检查试航工况下吃水和纵倾是否准确。 检查修正方法是否按照 GB/T 30007—2013 或等效标准(如 ITTC 7.5-04-01-01.2 或 BSRA)
14	试航-调整试航条件到 EEDI 工况	审查	试航后制定的功率曲线	检查 EEDI 工况的功率曲线已通过修正获取
15	EEDI 技术案卷-试航后修改	审查	经修正的 EEDI 技术案卷	检查试航后是否对 EEDI 技术案卷进行修订

第五节 EEDI 技术案卷示例

一、数据

1. 一般信息

造船企业	×××
船舶编号	12345
船舶类型	散货船

2. 主要船舶资料

总长	×××m
垂线间长	×××m
型宽	×××m
型深	×××m
载重线吃水	×××m
总吨	925
载重吨	1550t
注：表中的吃水及载重吨应取自稳性资料/干舷计算。	

3. 主机

生产商	×××
型号	WD618. C-13
最大持续功率(MCR)	210kW×1500r/min
75%MCR 下的单位燃油消耗率	187.0g/(kW·h)
75%MCR 下的单位燃气消耗率	0
台数	2
燃料类型	轻柴油
注：该部分数据应取自总布置和 NO_x 技术文件。	

4. 辅机

生产商	×××
型号	XY2110C
最大持续功率(MCR)	22kW×1000r/min
50%MCR 下燃油消耗率	220.0g/(kW·h)
50%MCR 下燃气消耗率	0
台数	2
正常航行时在网台数	1
燃料类型	轻柴油

5. 轴带发电机(如适用)

轴带发电机编号	
制造厂	
功率($P_{PTO(i)}$)	
η_{SG}	
注：轴带发电机编号应取自系统设计说明书；其他数据应取自制造厂文件。	

6. 航速

满载吃水时深水中 75%MCR 下的设计航速	14.75kn
注：应取自功率曲线及其计算书。	

二、 推进系统和电力供应系统

1. 原理图(见图 6-4)

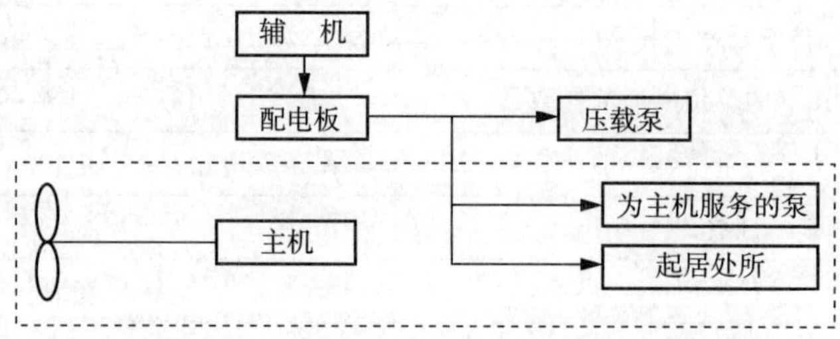

图 6-4　推进和电力供应系统原理图

2. 推进系统

（1）主机（同一、中 3.）

（2）螺旋桨

类型	固定螺距螺旋桨
直径	×××m
桨叶数量	×
台数	×

3. 电力系统

（1）辅机（同一、中 4.）

（2）发电机组

生产商	×××
额定功率	19kW×1000r/min
台数	2

三、 设计阶段功率曲线估算过程（如有时）

功率曲线的估算基于模型试验结果。估算过程流程见图 6-5。

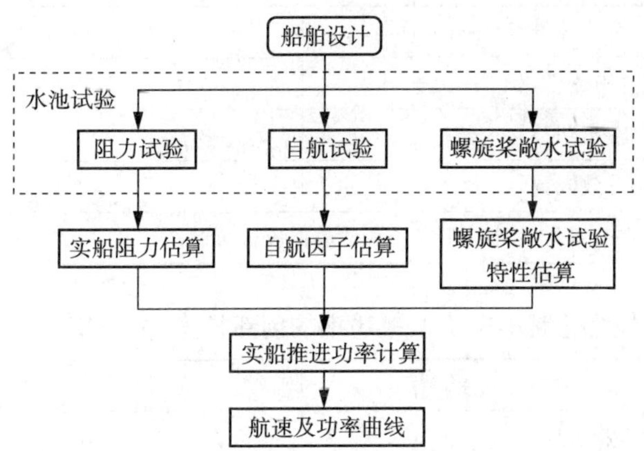

图 6-5 功率曲线估算过程流程图

四、 节能设备描述

（1）其效果在 EEDI 计算公式中表述为 $P_{AEeff(i)}$ 和/或 $P_{eff(i)}$ 的节能设备。

（2）其他节能设备（若有）。

这些节能设备应出示每台设备或装置的规格书、原理图和/或照片等，或附上产品商业目录。

五、 前期验证 EEDI 的计算

1. 基本数据

船型	载重吨/t	航速 v_{ref}/kn
散货船	1550	14.75

2. 主机

MCR/kW	轴带发电机	P_{ME}/kW	燃油类型	C_{FME}	SFC_{YME}/(g/kW·h)
210	无	157.5	轻柴油	3.15104	187.0

3. 辅机

P_{AE}/kW	燃油类型	C_{FAE}	SFC_{YAE}/(g/kW·h)
11.0	轻柴油	3.15104	220.0

4. 电力创新技术

创新型电力辅机(如适用)

系统编号	
制造厂	
输出功率	
有效因数	
注：系统编号应取自系统设计说明书；其他数据应取自制造厂文件。	

5. 能效创新技术［减小主机推进功率的创新技术(如适用)］

系统编号	
制造厂	
机械输出	
有效因数	
注：系统编号应取自系统设计说明书；其他数据应取自制造厂文件。	

6. EEDI 的计算值

$$\mathrm{EEDI_a}=\frac{\sum_{i=1}^{n_{\mathrm{ME}}}P_{\mathrm{ME}(i)}\cdot \mathrm{SFC}_{\mathrm{YME}(i)}\cdot C_{\mathrm{FME}(i)}+\sum_{i=1}^{n_{\mathrm{AE}}}P_{\mathrm{AE}(i)}\cdot \mathrm{SFC}_{\mathrm{YAE}(i)}\cdot C_{\mathrm{FAE}(i)}-}{W\cdot v_{\mathrm{ref}}}$$

$$\frac{\sum_{i=1}^{n_{\mathrm{eff}}}f_{\mathrm{eff}(i)}\cdot P_{\mathrm{eff}(i)}\cdot \mathrm{SFC}_{\mathrm{ME}(i)}\cdot C_{\mathrm{FME}(i)}-\sum_{i=1}^{n_{\mathrm{eff}}}f_{\mathrm{eff}(i)}\cdot P_{\mathrm{AEeff}(i)}\cdot \mathrm{SFC}_{\mathrm{AE}}\cdot C_{\mathrm{FAE}}}{W\cdot v_{\mathrm{ref}}}$$

$$=\frac{(2\times 157.5\times 3.15104\times 187.0)+(11\times 3.15104\times 220.0)+0-0}{1550\times 14.75}$$

$$=8.452\ \mathrm{g/(t\cdot n\ mile)}$$

船舶能效设计指数前期评估结果为

$$\mathrm{EEDI_a}=8.452\ \mathrm{g/(t\cdot n\ mile)}。$$

六、 最终验证 EEDI 的计算值

1. 功率曲线

设计阶段估算并在航速测试后修订的功率曲线见图 6-6，航速修正后为 14.25kn。

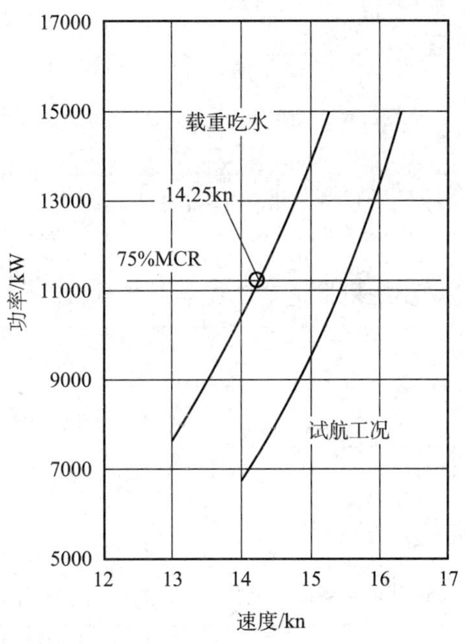

图 6-6　功率曲线

2. 基本数据

船型	载重吨/t	航速 v_{ref}/kn
散货船	1550	14.25

3. 主机

MCR/kW	轴带发电机	P_{ME}/kW	燃油类型	C_{FME}	SFC_{YME}/(g/kW·h)
210	无	157.5	轻柴油	3.15104	189.0

4. 辅机

P_{AE}/kW	燃油类型	C_{FAE}	SFC_{YAE}
13.3	轻柴油	3.15104	222.0

5. 电力创新技术［创新型电力辅机(如适用)］

系统编号			
制造厂			
输出功率			
有效因数			
注：系统编号应取自系统设计说明书；其他数据应取自制造厂文件。			

6. 能效创新技术［减小主机推进功率的创新技术(如适用)］

系统编号	
制造厂	
机械输出	
有效因数	
注：系统编号应取自系统设计说明书；其他数据应取自制造厂文件。	

7. EEDI 的计算值

$$\mathrm{EEDI_a} = \left[\sum_{i=1}^{n_{\mathrm{ME}}} P_{\mathrm{ME}(i)} \cdot \mathrm{SFC}_{\mathrm{YME}(i)} \cdot C_{\mathrm{FME}(i)} + \sum_{i=1}^{n_{\mathrm{AE}}} P_{\mathrm{AE}(i)} \cdot \mathrm{SFC}_{\mathrm{YAE}(i)} \cdot C_{\mathrm{FAE}(i)} - \sum_{i=1}^{n_{\mathrm{eff}}} f_{\mathrm{eff}(i)} \cdot P_{\mathrm{eff}(i)} \cdot \mathrm{SFC}_{\mathrm{ME}(i)} \cdot C_{\mathrm{FME}(i)} - \sum_{i=1}^{n_{\mathrm{eff}}} f_{\mathrm{eff}(i)} \cdot P_{\mathrm{AEeff}(i)} \cdot \mathrm{SFC}_{\mathrm{AE}} \cdot C_{\mathrm{FAE}}\right] / W \cdot v_{\mathrm{ref}}$$

$$= \frac{(2 \times 157.5 \times 3.15104 \times 189.0) + (11 \times 3.15104 \times 222.0) + 0 - 0}{1550 \times 14.25}$$

$$= 8.842\mathrm{g/(t \cdot n\ mile)}$$

船舶能效设计指数最终验证评估结果为 $\mathrm{EEDI_a} = 8.842\ \mathrm{g/(t \cdot n\ mile)}$。

第七章 船舶速度和功率性能的评估

第一节 绪论

在船舶能效设计指数验证方法中需要对船舶的速度和功率性能进行评估，并且引用到了国际标准 ISO 15016：2002《船舶和海上技术　通过分析测速试航数据以确定速度和功率性能的评估导则》。为了与 GB/T 30010 配套使用，需将 ISO 15016：2002 转化为我国国家标准。

该标准使用翻译法等同采用国际标准 ISO 15016：2002，在标准的框架结构、技术参数、表述方式等方面与国际标准保持一致。经过征求意见，共收到 9 个单位回函，有 7 个单位提出意见共 30 条。编制组经过认真讨论研究，对各单位回复的意见进行了逐条处理，并修改标准文本形成了送审稿。

2012 年 8 月 23 日，全国海洋船标准化技术委员会在上海召开了有关标准的审查会，会上各与会专家对本标准的送审稿提出了修改意见和建议。在审查会上，经专家讨论，一致同意通过该标准的审查，并认为：

(1) 会议确定将标准名称改为《船舶和海上技术　通过分析测速试航数据以确定速度和功率性能的评估导则》。

(2) 建议若 ITTC 新标准发布则采用 ITTC 标准。2012 年 10 月 1 日～5 日，IMO MEPC 在伦敦 IMO 总部召开会议。议题涉及 ISO 15016：2002 的修订和 ITTC 标准编制事宜。由于 ITTC 标准尚有部分问题还需解决，IMO 已建议 ISO 抓紧对 ISO 15016：2002 进行修订。为此，编制组于 2012 年 10 月 19 日在上海召开了专题会议，对标准是否上报审批进行讨论，最终确定先采用 ISO 15016：2002 版本以我国国家标准发布实施，待 ISO 15016 发布新版本后立即对本标准进行修订，以满足实际工作需要。

2013 年 10 月 10 日，GB/T 30007—2013《船舶和海上技术　通过分析测速试航数据以确定速度和功率性能的评估导则》由国家标准化管理委员会发布，并于 2013 年 11 月 1 日起实施。

第二节 术语和缩略语的说明

一、术语

本标准主要对螺旋桨螺距、输出功率和轴功率三个术语进行了定义。

(1) **螺旋桨螺距**(propeller pitch)

船舶推进器的种类较多，主要包括螺旋桨、风帆、明轮、直叶推进器、喷水推进器、水力锥形推进器等。其中，螺旋桨因结构简单、技术成熟、使用方便且效率较高，目前广泛安装于各型船舶。根据适应不同船舶工作条件的要求，螺旋桨又可分为导管螺旋桨、可调螺距螺旋桨、对转螺旋桨和串列螺旋桨等。导管螺旋桨是在螺旋桨的外围套上一个纵剖面为机翼型或类似于机翼剖面的折角线形的套筒，在负荷较重时，其效率较普通螺旋桨为高，主要用于拖网渔船和拖船等多工况船舶。可调螺距螺旋桨是一种利用设置于桨毂中的操纵机构使桨叶绕垂直于桨轴的轴线转动以改变其角度(螺距)的螺旋桨，由于桨叶的螺距可根据需要进行调节，故在不同航行状态时，均能充分发挥主机的功率和转速，但其结构较复杂，造价和维修费用比较高。对转螺旋桨又称双反转螺旋桨，是将两只普通螺旋桨分别装于两根同心轴上，并以等速或不等速反向运动，这种螺旋桨传动装置比较复杂，多用于鱼雷和潜艇。串列螺旋桨是两个螺旋桨串列装于同一轴上以相同的转速运转的推进器，其优点是：①对负荷较大的船舶，在推进器直径受限制的情况下，效率较高；②能改善普通螺旋桨引起的船尾振动和空泡性能；③对外界水流变化的适应性较好等。

本标准适用于排水型民用船舶，且船舶的推进器为螺旋桨。固定螺距螺旋桨的螺距为已知且在试验中是固定的，故此处的螺旋桨螺距特指可调螺距螺旋桨的设计螺距。

(2) **输出功率**(brake power)**和轴功率**(shaft power)

根据《船舶原理》中的描述，推进船舶所需要的功率由主机供给，主机发出的功率称为机器功率。机器功率经过减速装置、推力轴承及主轴等传送至推进器。在主轴尾端与推进器连接处所测得的功率称为推进器的收到功率。由于推力轴承、尾轴填料函及减速装置等具有摩擦损耗，故推进器收到功率总是小于机器功率，两者之比值称为传送效率或轴系效率。克服船体阻力的功率是有效功率，因为推进器本身在操作时有一定的能量损耗，且船身与推进器之间有相互影响，故有效功率小于推进器所收到的功率，两者之间的比值称为推进效率。有效功率与机器功率的比值称为推进系数。一般情况下，推进系数越高，船舶的推进性能越好。

同时，GB/T 7727.3—1987《船舶通用术语　性能》中给出了收到功率(delivered power)和推力功率(thrust power)的定义，收到功率指螺旋桨收到的功率，推力功率指螺旋桨发出的功率。本标准中将输出功率定义为推进机械经过减速和传动装置之前在联轴器处输出的功率及持续运行的辅助设备所用功率。轴功率定义为：经过所有减速和其他传动装置并减去附带辅助设备功率后推进装置向轴系提供的净功率。

输出功率和轴功率与机器功率、收到功率、推力功率的定义有一定的差距，在定义中增加了辅助设备的功率，而后者主要与主机功率有关。因此，有必要在标准中阐述其定义，方便对标准的理解和使用。

二、 缩略语

本标准中的缩略语主要是会议或协会，标准中引用了这些会议或协会的要求或出版文献。

(1) 英国船舶研究协会(The British Ship Research Association，简称 BSRA)

英国船舶研究协会现与英国国家海事研究所(NMI)合并为英国海事技术有限公司(BMT limited)。BMT 有限公司成立于 1985 年，涉及工程、科学和技术等业务，下辖军工、能源、环境、海洋运输、海洋风险等部门。BMT 擅长于设计、设计支持、风险和合同管理、海上救助等。BMT 在 24 个国家共设有 70 个办公室，主要分布在欧洲、北美和亚太地区。2003 年英国国防大臣宣布 BMT 的军工部门在未来航母设计中将发挥重要作用。该公司在"Thales"CVF 设计组中提供了诸多专业技术。除军工业务外，该公司还从事高层建筑的风力试验，例如迪拜塔和帆船酒店。BMT 下属的子公司包括：BMT 亚太有限公司、BMT 海洋工程有限公司、BMT 军工有限公司、BMT 流体力学有限公司、BMT 可靠性咨询有限公司等。

(2) 国际船模拖曳水池会议(International Towing Tank Conference，简称 ITTC)

国际船模拖曳水池会议的起源是 1932 年在 Hamburg 召开的国际水动力会议，该次会议决定在固定时间召开国际船舶水池主任会议，并于 1933 年在 Hague 召开了第一次会议。从 1948 年第 5 届会议开始，每 3 年召开一次会议，并在 1954 年第 7 届大会后正式定名为国际船模拖曳水池会议(ITTC)。ITTC 是国际船舶水动力学界最具代表性和权威性的学术研究组织，其主要目的是促进船舶及其他海洋装备水动力学的研究以改进模型试验、数值模拟和实尺度测量的方法；推荐相应的规程和确认实尺度测量的精度以保证质量；提供信息互换平台。ITTC 设有 AC(Advisory Council，顾问委员会)、TC(Technical Committee，技术委员会)、GC(General Committee，常设委员会)和 SC(Specialist Committee，专门委员会)等。

(3)日本关西造船协会(The Kansai Society of Naval Architects, Japan, **简称** KSNAJ)

日本关西造船协会(KSNAJ)成立于1912年的5月5日，是年是明治时代的最后一年。在其漫长的历史中，KSNAJ不仅在船舶建造和海洋工程的学术研究方面扮演积极角色，也在不同的基础科学、环境问题和前沿技术等方面发挥作用。船舶和海洋技术正经历变革时期，KSNAJ通过推动船舶和海洋技术的进步以证明自己胜任教师、研究者和工程师协会的角色，并将在21世纪继续获得领导地位。KSNAJ一年召开两次会议，分别定在春季和秋季，会议期间会发布大量的论文以供讨论。春季会议期间也会举行座谈会和展览会。该协会一年两次发布主办期刊和名为“RAN”(日语意为系泊索)的季刊公告。

(4)英国皇家造船工程师学会(Royal Institute of Naval Architects, UK, **简称** RINA)

1860年，英国皇家造船工程师学会(RINA)成立于伦敦，目的是改进船舶设计的理论和技术。现在，RINA是世界著名的造船和船舶研究技术权威。其成员在世界范围内广泛参与船舶及海洋结构物的设计、建造、修理和操作等。RINA的成员超过90个国家，涉及工业、学校和科研院所等。作为国际性的专业机构，RINA的宗旨是制定标准的专业能力和操守，并协助成员实现和维护这些标准。作为学术团体，RINA主要是通过一系列的技术期刊、会议录、书籍和论文，以及广泛的国际会议和培训课程方案涵盖各个方面的造船和航海技术，成员可以免费或减价获得RINA的出版物。RINA还在Linkedin和Facebook社交网站上开设论坛，以便于世界范围内的海事团体搜索信息、交流观点以及讨论技术和专业问题。RINA的会议安排也会出现在论坛上。

(5) 日本造船学会(The Society of Naval Architects of Japan, **简称** SNAJ)

日本造船学会于1897年创立，在日本的船舶建造和海洋工程方面具有领导地位，在世界范围内拥有高占有率超过30年。该学会因与英国皇家造船工程师学会(RINA)、英国轮机工程师学会(IMarE)以及美国造船师与轮机工程师学会(SNAME)等一起在船舶建造的理论研究领域做出贡献而获得很高的声望。该学会在技术领域和理论方面均有建树，并致力于推动海洋工程(海洋环境工程)的研究和进步。2005年6月，日本造船学会(SNAJ)与日本关西造船协会(KSNAJ)以及西日本造船师协会(WJSNA)合并为日本船舶海洋工学会(JASNAOE)。

(6)美国造船师与轮机工程师学会(The Society of Naval Architects and Marine Engineers, USA, **简称** SNAME)

美国造船师与轮机工程师学会成立于1893年，目的在于推进船舶理论、船舶建造以及轮机工程的技术和实践，其成员包括商业和政府职员、学者及教育家。SNAME致力于信息交流和记录，发起者应用研究、提供指导、支持教育、提高成员的专业地位和完整性。SNAME 是海事和海洋方面的世界性论坛，成员超过 8500 名，且分散在世界各地。拥有船舶建造和轮机方面的教育和工作背景的专业人士可以申请加入 SNAME。成员或准成员资格的批准建立在申请人的学历、教育、工作年限、对行业的贡献和经验等基础上。SNAME 促进新技术领域的技术和研究报告及标准，同时通过学生筹划指导委员会、学生工作站、学生发展计划等支持行业未来。SNAME 也为大学生和研究生提供奖学金。

(7)日本造船研究协会(The Shipbuilding Research Association of Japan，**简称** SRAJ)

2005 年 4 月，日本造船研究协会(SRAJ)与日本海洋标准协会以及日本船舶报废推广协会合并为日本船舶技术研究协会(JSTRA)。成立以来，JSTRA 接受国土、基础设施、交通和旅游部门(MLIT)以及日本基金会、其他机构的指导。日本的船舶建造和船舶设备行业以及海洋运输行业在激烈的世界竞争中仍保持优势地位。为支撑这种优势地位，JSTRA 开发海事 R&D、制定海事事务的国际规则和标准。该协会的基本策略是加强其 R&D 责任，以及对基于这些策略的日本技术能力的有效和审慎的反应。JSTRA 的此项策略有助于增强日本的造船、船舶设备以及海洋运输方面的国际竞争力。

第三节　评估前的数据测量

一、 测量的船舶试航条件

船舶测速试验的目的是获取船舶在静水中的航速，但气象条件的不可控性使得测速试验不能直接得到静水航速，因此有必要针对风力、海况、水深等影响因素进行航速修正。为避免修正结果误差过大，有必要对该几项因素规定一定的范围，削弱其影响，确保测试结果的准确。试验条件主要包括：

1. 风

若可行，测速试航中的风力应满足下列条件：

——对 $L_{PP} \geqslant 100$m 的船舶，风力应低于蒲氏风级 6 级；

——对 $L_{PP} < 100$m 的船舶，风力应低于蒲氏风级 5 级。

风力直接作用在船体上，产生风阻力，改变船舶航向和航速；风力会引起波浪，改变船舶的波浪阻力。参照 GB/T 4099—2005 和《船舶原理》，风级与风速和海面情况的对应关系如表 7-1 所示。

表 7-1 风力等级

风级	名称	波高	风速	海面情况
		m	m/s	
0	无风	—	0～0.2	海面平静
1	软风	0.1	0.3～1.5	微波如鱼鳞状，没有浪花
2	轻风	0.2	1.6～3.3	小波、波长尚短，波形显著、波峰光亮但不破裂
3	微风	0.6	3.4～5.4	小波加大，波峰开始破裂，浪沫光亮，偶见白浪花
4	和风	1.0	5.5～7.9	小浪，波长变长，白浪成群出现
5	清风	2.0	8.0～10.7	中浪，具有较显著的长波形状或许多白浪，遇见飞沫
6	强风	3.0	10.8～13.8	大浪形成、白色浪花的波峰触目皆是、有飞沫
7	疾风	4.0	13.9～17.1	轻度大浪，碎浪成白沫
8	大风	5.5	17.2～20.7	长的大浪，浪峰边缘开始破碎成浪花、带状明显
9	烈风	7.0	20.8～24.4	狂浪，沿风向白沫呈浓密的条带状，飞沫影响水平能见度
10	狂风	9.0	24.5～28.4	狂涛，海面成白色，白色浪花大片被风削去
11	暴风	11.5	28.5～32.6	异常狂涛，浪峰边缘被吹到空中，水平能见度受到影响
12	飓风	14.0	>32.6	空中充满白色浪花及飞沫，严重影响能见度

可以看出，蒲氏风级 5 级与 6 级以近似 10m/s 的风速为分界。船舶在风中航行时遇到的阻力较静水中为大，是因为风力增加了船舶受到的阻力，称为风阻力增值。风阻力增值与风力的大小、方向、船型等因素有关。为限定不同船型的风阻力增值，避免风力导致试航结果的误差较大，因此规定垂线间长度不小于 100m 的船舶在风力低于蒲氏风级 6 级下试航，垂线间长度小于 100m 的船舶则在蒲氏风级 5 级以下试航。一般情况下，海船均安装有风速仪，在试航时可以直接读取风速数据。

2. 海况

根据 GB/T 7727.5—1991《船舶通用术语　船舶环境》，海况广义上指海洋水文要素的状况。狭义上指在风力的作用下海面的波动状况。通常根据波浪的有无、波峰的形状、峰顶的破碎程度(浪花的大小)等，将海况分为 10 级。GB/T 30007—2013 中的海况包括风浪和涌浪的波高和周期。风浪是风引起的波浪，风吹到海面，与海水摩擦，海水受到风的作用，海面开始起伏，形成波浪。风在水面吹起波浪，波浪出现后又改变波面附近气流的流场，因此风浪是风和水面相互作用的产物。风浪中会同时出现许多高低长短不等的波且波面陡峭，如将波高、波长和周期等视为随机量，就能统计出平均波高和平均周期。涌浪是风停止后或已经减弱，改变原来的方向，在海面上留下的波浪。与风浪相比，涌浪具有较规则的外形，排列比较整齐，波峰线较长，波面较平整，比较接近于正弦波的形状。

船舶试航中使用漂浮或船载的仪器(例如海浪分析雷达)测定水深、风浪和涌浪方向、波浪周期和波高。若风浪较为明显，也可由包括船长在内的多名观测者的观测报告确定波浪特征。

在获得风浪和涌浪的相关数据后，按式(7-1)计算总波高。

$$H=\sqrt{H_{1/3}^2+H_{S1/3}^2} \tag{7-1}$$

式中：

H——总波高，单位为米(m)；

$H_{1/3}$——风浪有义波高，单位为米(m)；

$H_{S1/3}$——涌浪有义波高，单位为米(m)。

与风力的规定类似，海况中对于总波高的要求也是以垂线间长度100m为界，大于该值的船舶的总波高小于$0.015L_{PP}$或3m，取较小者；小于该值的船舶的总波高应小于1.5m。理由同样是为减少波浪等因素对测速试航的影响。

3. 水深

水深对船舶和波浪均有影响，进入浅水区域后，船舶和波浪的运动性能会发生变化。当船舶在浅水区域时，因水深过浅会造成船舶周围的水场分布、水阻力、航速、吃水和操纵性等发生较大变化。而波浪在浅水区域会形成浅水波和波浪破碎。浅水波是指水深相对波长很小的波动。浅水波的水质点的竖直运动随水深的增加而减小，直至在水底变为零。在浅水波的波峰处，水前进较容易，在波谷处，水前进后会与底部发生摩擦，结果是小质点在波峰处向前运动的距离大于波谷处的质点向后运动的距离，造成水的净移动。波浪破碎是随着水深的减小，波长和波速逐渐减小，到波浪破碎区外不远处，波浪的波峰陡起，波谷变宽，当水深减小到一定程度时，出现各种形式的波浪破碎。此外，若波向与海底等深线斜交，则波浪方向也会发生变化。浅水对波形的影响也是比较明显的，当波浪在深水区域传播时，其外形与正弦波较为一致，波浪要素(周期、波长等)较为稳定；当波浪传播到浅水区域时，波浪要素就发生显著变化。试验条件中对水深的要求按式(7-2)。

$$\Delta v_S/v_S\leqslant 0.02 \tag{7-2}$$

式中：

Δv_S——浅水效应引起的速度损失，单位为米每秒(m/s)；

v_S——船舶相对水的速度，单位为米每秒(m/s)。

根据式(7-2)，只要试航水域的浅水效应引起的速度损失与船舶相对水速度的比值不大于0.02，则满足试航要求。

4. 流

海流是海洋水文要素之一，与风、浪等因素一样都对船舶有直接作用，影响船舶的航行性能。海流是由风、密度差、潮汐等原因引起的海水沿着一定方向的大规模流动，由风引起的海流称为风海流，由密度差异引起的海流称为密度流，由潮汐引起的海流称为潮汐流。风海流是广阔海面上风驱动的，由于海水黏性对运动动量的消耗，流动会随着海水深度的增加而减少，其所涉及的深度一般有几百米。通常又将流向与流速大致相同的风海流称为漂流。根据是否受海底的影响，又可将漂流分为深海中的无限深海漂流和浅海中的有限深海漂流。不同海域海水的温度、盐度等不同会导致海水水位的差异，相应的海水密度也会不同，因而在海域之间产生海面倾斜，造成海水的流动，形成密度流。世界上最典型的密度流即是大西洋地中海流。地中海受地中海气候影响，海水蒸发旺盛，四周无大河流入，损失的水分大于获得的水分，导致海水盐度高密度大，海平面也较低。相反，大西洋海水盐度较低，密度也小，海平面较高。两者海水表层的等压面不相重合，表层海流经直布罗陀海峡从大西洋流向地中海，底层海流则由地中海流向大西洋，补充大西洋表层流向地中海的海水。

流的速度和方向可以通过往返航行来获得或使用流速测量浮筒直接测量。流对于船舶性能的影响主要体现在对船舶速度的修正。

试航条件的给出有助于人员对试航区域的选择，便于船舶试航中观测或测量数据的获取。试航区域选择恰当，可以减少部分阻力的修正，从而对速度和功率性能的评估起到事半功倍的效果。

二、 速度和功率测量

船舶在符合试航条件下开始试航后，速度和功率的测量则成为主要工作。新建造或大修后的船舶均需进行试航，试航是实船试验的重要内容，试航的目的是鉴定包括航速在的各航行性能指标是否达到设计要求。试航一般在风力不大、平潮、能见度好的试航区进行。

1. 航次

速度和功率性能的评估中要求，所有测速试航应在往返航行中进行，例如：在发动机相同设置的情况下，按照原路返回，并且在同一测速段测量航速。往返航行次数不应少于三次。宜分别在迎风和顺风中进行。试航开始之前，船舶应预航行一段时间，以达到稳定航行状态。

在试航中，船舶通常会沿规定航线连续往返航行数次，以剔除试航区水流、风力因素等的影响，并取多次航行中测量数据的加权平均值。上述要求有四个要点：①试航应在往返航行中进行，即按规定航线航行，排除新航线风力、水流等的不确定性；②往返航行次数不应少于三次，从理论上来说，往返航行次数越多得出的平均值越正确，但综合考虑试航费用、人工成本、交船时间等因素，兼顾平均值的准确性，故将往返航行次数定为不小于三次；③试航宜分别在迎风和顺风中进行，风力对船舶的航行速度和方向均有作用，在迎风或顺风中航行，可将对航向的改变作用降到最低，从而只考虑风力对航速的影响，使测量和后续的计算简化；④船舶达到稳定航行状态时开始试航。试航示意图见 7-1。

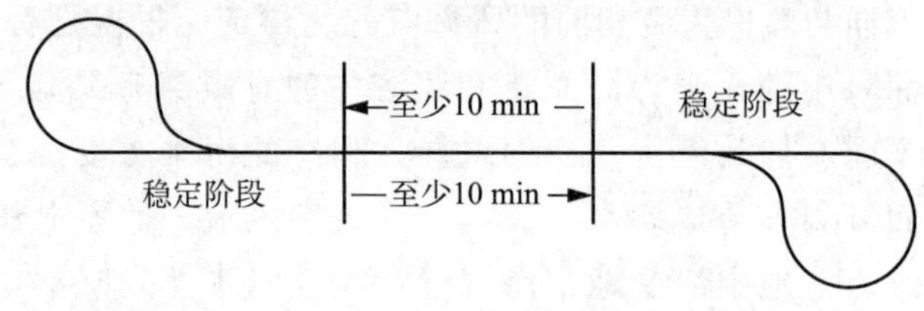

图 7-1　试航示意图

2. 操舵

本标准中对于操舵的要求不同于常规的操舵试验，操舵要求中的首向角幅度（ψ_A）的单向偏差应小于 3°，是为保持航向的一致性和稳定性；保持航向的反向操舵角应小于 5°是为避免一次性舵向变化较大，改变船舶的运动速率、姿态和方向的性能，给速度和功率的测量带来不必要的麻烦。

3. 测量和观测数据

试航中测量和观测数据包括通用数据和每航次数据。

(1) 通用数据

——日期；

——试航水域；

——天气；

——试航水域平均水深；

——水温和密度；

——空气温度；

——风速仪在水线以上高度；

——艏部、舯部和艉部吃水；

——排水量；

——可调螺距螺旋桨的螺距；

——自最后一次船体和螺旋桨清洗到试航开始的时间；

——船体和螺旋桨表面状况。

(2) 每航次数据

——航行开始时间；

——完成测量距离耗用时间；
——航向；
——船舶对地速度；
——螺旋桨旋转频率；
——螺旋桨轴扭矩和/或输出功率；
——相对风速和风向；
——风浪平均周期、风浪有义波高和波浪方向；
——涌浪平均周期、涌浪有义波高和波浪方向；
——转舵角；
——偏航角。

用于分析的数据如船速、螺旋桨旋转频率、力矩、转舵角和偏航角应为测量距离中的平均值。若需要每航次中的吃水，则可基于试航之前数据和燃油消耗量使用装载仪估算。GB/T 30007—2013 对于测量和观测数据的规定比较详细，测量和观测数据包括两种：通用数据和每航次数据。通用数据一般是试航水域和试航船体的情况，例如试航日期、试航水域、天气、水深、水温和密度等；每航次中测量的数据有航行时间、船速、风和浪的要素等。测量获得的数据是船舶性能计算及其修正的基础。

第四节 速度和功率性能分析程序

一、 分析程序概述

分析程序是 GB/T 30007—2013 的主要内容，术语和定义、试航条件、速度和功率测量均是为开始分析程序做准备工作，分析程序步骤包括：已获得数据的评估、实际船舶性能、阻力增加引起的船舶性能修正、流引起的船舶性能修正、空气阻力引起的船舶性能修正、浅水引起的船舶性能修正和最终船舶性能，其示意如图 7-2 所示。

从试航中测量的数据要经过评估，判断数据的准确性，部分数据需要处理，例如根据航向、船舶对地速度、相对风速和相对风向，换算实际风速和实际风向。实际船舶性能由收到功率、扭矩系数、螺旋桨进速系数、载荷系数、实际滑脱比、伴流分数、平均伴流分数、船舶对水速度和总阻力等组成。这些数据是基于螺旋桨参数、轴系的推进效率及试航中测量的数据计算获取的。船舶在试航时，受到风、浪、操舵等的干扰，致使船舶阻力增加，阻力增加引起的船舶性能的修正就是要修正风、波浪、操舵、偏航、水温和含盐量、排水量偏差等引起的阻力增加。流引起的船舶性能的修正主要体现在对船速的修正，以消除流对船速的影响。在

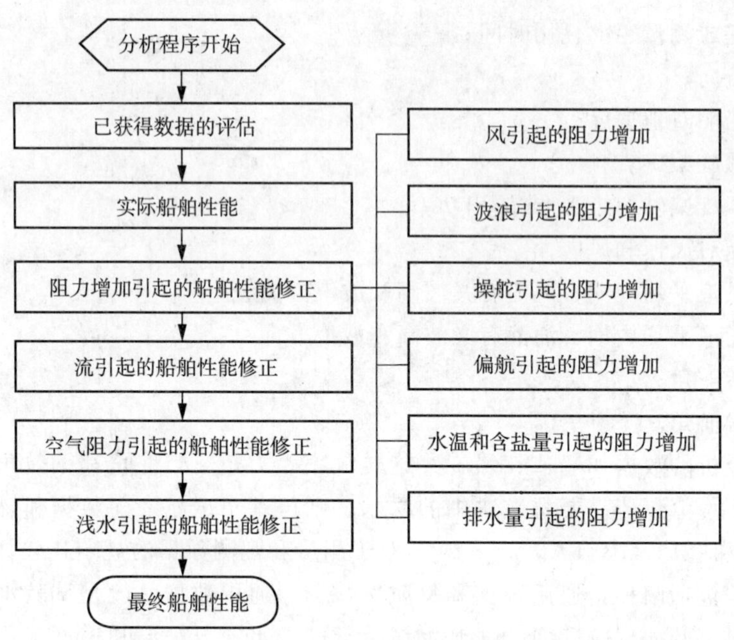

图 7-2 分析程序步骤

研究螺旋桨的水动力性能时，通常不应用推力和扭矩的绝对量，而是用扭矩系数、螺旋桨进速系数、载荷系数等无因次系数来表征。空气阻力使载荷系数增大(减小)，相应的扭矩系数增大(减小)，螺旋桨进速系数减小(增大)。当已知船舶相对水速度、水下船舯横剖面积、试验水域水深，即可按照公式计算出浅水对船舶相对水速度的修正值。经过一系列修正后，得出最终船舶性能。

二、 详细分析步骤

1. 已获得数据的评估

已获得数据的评估包括表 7-2 中的所有数据。表 7-2 中的数据除风阻力方向系数外，均为每航次中的数据；除风阻力方向系数、实际风速和实际风向外，均可通过测量或观测获得。风阻力方向系数是通过风洞模型或其他试验方式所确定的数学参数，用于计算船舶行驶时的风阻力，风阻力方向系数的大小取决于船体外形、压载状态、相对风向等因素，风阻力方向系数越大船舶遇到的风阻力也越大。此处可直接采用 GB/T 30007—2013 中图 A. 2 中数据，类似船型或压载可采用插值法求解风阻力方向系数。船舶在试航中是运动的，在船舶上所测得的为相对风速和相对风向，相对风速和相对风向与实际风速和实际风向是有差别的。如图 7-3 所示，根据余弦定理有：

$$AB^2 = OA^2 + OB^2 - 2OA \cdot OB \cdot \cos(\Psi_{WR})$$

利用反正切函数有：

$$\Psi_{WT}=\arctan\frac{AE}{BE}$$

因此，在船舶对地速度（v_G）、相对风速（v_{WR}）、相对风向（Ψ_{WR}）、航向（Ψ_0）已知时，实际风速和实际风向的计算公式分别为式(7-3)和式(7-4)：

$$v_{WT}=\sqrt{v_{WR}^2+v_G^2-2v_{WR}\cdot v_G\cdot\cos(\Psi_{WR})} \tag{7-3}$$

$$\Psi_{WT}=\tan^{-1}\left\{\frac{v_{WR}\sin(\Psi_0+\Psi_{WR})-v_G\sin(\Psi_0)}{v_{WR}\cos(\Psi_0+\Psi_{WR})-v_G\cos(\Psi_0)}\right\} \tag{7-4}$$

在测量或观测数据中风浪入射角和涌浪入射角可看作是风浪和涌浪的方向。

表 7-2 评估数据

序号	符号	定义	单位	获取方式
1	v_G	船舶对地速度	m/s	测量或观测
2	n	螺旋桨旋转频率	Hz	测量或观测
3	P_S	轴功率	kW	测量或观测
4	v_{WR}	相对风速	m/s	测量或观测
5	Ψ_{WR}	相对风向	rad	测量或观测
6	K	风阻力方向系数	—	GB/T 30007—2013 中图 A.2。
7	v_{WT}	实际风速	m/s	式(7-3)
8	Ψ_{WT}	实际风向	rad	式(7-4)
9	T_m	风浪平均周期	s	测量或观测
10	$H_{1/3}$	风浪有义波高	m	测量或观测
11	χ	风浪入射角	rad	测量或观测
12	T_{Sm}	涌浪平均周期	s	测量或观测
13	$H_{S1/3}$	涌浪有义波高	m	测量或观测
14	χ_S	涌浪入射角	rad	测量或观测
15	δ_R	转舵角	rad	测量或观测
16	β	偏航角	rad	测量或观测

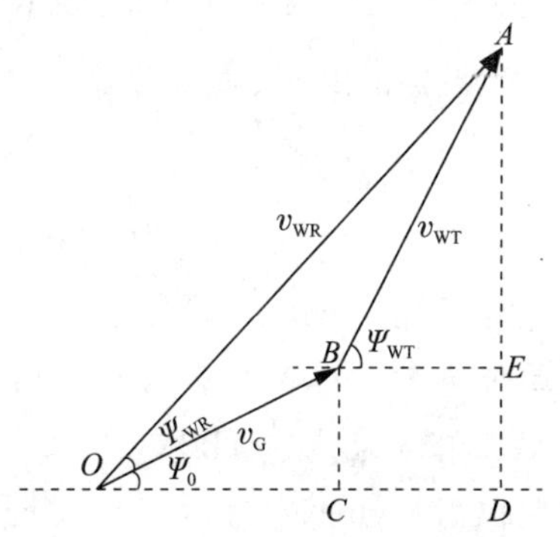

图 7-3 实际风速和实际风向求解示意图

2. 实际船舶性能

如表7-3所示，实际船舶性能的数据主要归纳为三部分：一是船舶总阻力；二是船舶相对水速度；其余部分包含收到功率、扭矩系数、螺旋桨进速系数等其他数据。

船舶以均匀速度 v_S 直线运动时会受到总阻力 R_T，为维持船舶的运动，需要向船舶提供一定的推力。在理想流体中，该推力与船舶所受到的总阻力大小相等方向相反。因此，船舶的推进功率近似等于总阻力与船舶对水速度的乘积。

表7-3　实际船舶性能的数据

序号	符号	定义	单位	获取方式
1	P_D	收到功率	kW	式(7-5)
2	K_Q	扭矩系数	—	式(7-6)
3	J	螺旋桨进速系数	—	式(7-7)
4	S_R	实际滑脱比	—	式(7-8)
5	$1-w$	伴流分数	—	式(7-9)
6	$(1-w)_m$	平均伴流分数	—	式(7-10)
7	v_S	船舶相对水速度	m/s	式(7-11)
8	R_T	总阻力	N	式(7-12)

由于推力轴承、轴承、尾轴填料函及减速装置等具有摩擦损耗，故收到功率总是小于轴功率。螺旋桨处的收到功率即为轴功率与传递效率的乘积。

$$P_D = P_S \times \eta_T \tag{7-5}$$

式中：

P_D——收到功率，单位为千瓦(kW)；

P_S——轴功率，单位为千瓦(kW)；

η_T——传递效率(通过设计数据库或机械试验获取)。

在研究螺旋桨的水动力性能时，通常并不应用推力和扭矩的绝对数量，而是以无因次系数来表达。扭矩的无因次系数一般用 K_Q 表示，按式(7-6)计算：

$$K_Q = \frac{1000}{2\pi} \times \frac{P_D}{\rho n^3 D^5} \times \eta_R \tag{7-6}$$

式中：

K_Q——扭矩系数；

P_D——收到功率，单位为千瓦(kW)；

ρ——水质量密度，单位为千克每立方米(kg/m^3)；

n——螺旋桨旋转频率，单位为赫兹(Hz)；

D——螺旋桨直径，单位为米(m)；

η_R——相对旋转效率(η_R 可通过设计数据库或模型试验获得)。

参照 GB/T 7727.3—1987，假设螺旋桨的转速为 n，进速为 v_A，则螺旋桨旋转一周在轴向的前进距离为 $h_p = v_A/n$，即螺旋桨的进程。螺旋桨的进程 h_p 与螺旋桨直径 D 的比值称为螺旋桨进速系数，以 J 表示，即

$$J = \frac{h_p}{D} \tag{7-7}$$

螺旋桨的载荷系数越小则说明螺旋桨的效率越高。在推力 T 和速度 v_A 一定时，载荷系数与螺旋桨桨盘面积成反比关系，即要提高效率需增大直径 D。在敞水中，扭矩系数 K_Q、进速系数 J 和载荷系数 τ 之间的关系如图 7-4 所示。图 7-4 中曲线 1 为扭矩系数曲线，曲线 2 为载荷系数曲线。

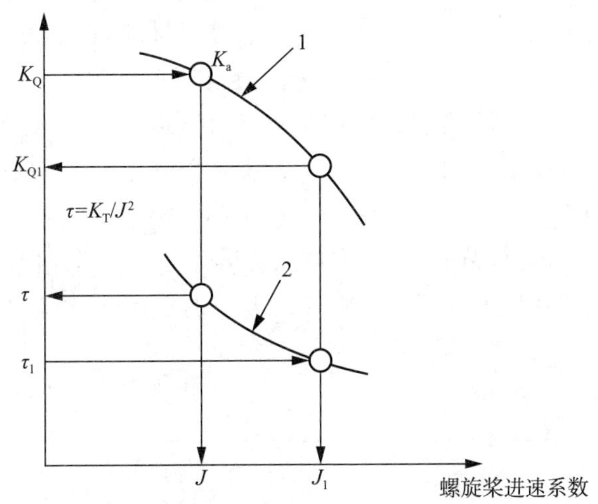

图 7-4 螺旋桨敞水特征曲线

滑脱是螺旋桨每转中进程小于其螺距的现象，通常以螺距与每转进程之差值来度量，滑脱与螺距之比值称为滑脱比。

假设螺旋桨螺距为 p，进程为 h_p，滑脱比以 S 表示，则其按式(7-8)计算：

$$S = \frac{p - h_p}{p} = 1 - \frac{h_p}{p} = 1 - \frac{JD}{p} \tag{7-8}$$

若忽略诱导速度的影响，在螺距一定的前提下，滑脱比的大小标志着螺旋桨攻角的大小，滑脱比大则攻角大，若转速一定，则螺旋桨的推力和扭矩亦大。同时，进速系数也是螺旋桨性能的一个重要指标，若进速系数为零，则意味着螺旋桨只旋转不前进，升力将与重力重合，各叶元体具有最大的攻角，螺旋桨的推力和扭矩达到最大值。若转速保持不变，随着进速系数的增大，攻角减小，而推力和扭矩也相应减小。当进速系数达到某一数值时，作用在叶元体上的升力和阻力在轴向上的分力大小相等方向相反，但仍受到旋转阻力。致使螺旋桨发出的推力等于零。此时，螺旋桨的进程称为无推力进程或实效螺距，可以用 p_1 表示。当进

速系数再增大，作用在叶元体上的升力和阻力在周向上的分力大小相等方向相反，所以旋转阻力为零，螺旋桨产生负推力。在无旋转阻力时螺旋桨旋转一周前进的距离为无扭矩进程或无扭矩螺距，以 p_2 表示。

一般情况下，$p_2>p_1>p$。因为船舶在水中克服阻力前进，必然要求螺旋桨提供推力。所以，在实际操作中，螺旋桨的进程是小于 p_1 的。若将实际的进速系数和螺距代入滑脱比计算公式，则得到实际滑脱比。

船舶航行时，其附近的水受到船体影响，伴随在船体周围一起运动，称为伴流或迹流。一般利用毕托管或伴流仪测定船体桨盘面处伴流的大小、方向及其分布情况。伴流的存在使螺旋桨与附近水流的相对速度不同于船速，因而是螺旋桨与船体相互作用研究的重点。船后伴流的速度场是非常复杂的，包括相对于螺旋桨的轴向、周向和径向等三个方向的分量。但根据实际测量，周向和径向的速度分量与轴向伴流速度相比小得多，可以忽略不计，故一般所说的伴流均指轴向伴流。在船尾桨面处未受螺旋桨影响的轴向伴流为标称伴流。按成因，伴流又可分为水绕船身流线型运动产生的势伴流，船与水间摩擦力带动水向前运动的摩擦伴流，以及船舶航行时所兴起的船波中水质点的运动造成的船波伴流。

伴流的大小通常用航速与螺旋桨进速之差对航速的比值 w 表示。《船舶原理》中给出的 w 的参考值如表 7-4 所示。

表 7-4　w 值

船舶类型	w 值	船舶类型	w 值
快速船和邮船	0.10～0.18	轻巡洋舰	0.035～0.10
单桨商船(C_B=0.5～0.7)	0.20～0.30	大型驱逐舰	0.00～0.10
双桨商船(C_B=0.5～0.7)	0.08～0.20	驱逐舰和护卫舰	0.00～0.03
肥大船型(C_B为 0.8 左右)	0.30～0.40	潜艇	0.10～0.25
主力舰及重巡洋舰	0.15～0.20	鱼雷艇	0.00～0.04
注：C_B 为方形系数。			

对于往返航行中的出航和返航，伴流分数$(1-w)$由船舶对地速度 v_G、螺旋桨进速系数 J 和敞水螺旋桨直径 D 确定，按式(7-9)计算：

$$1-w=\frac{nD}{v_G}\times J \tag{7-9}$$

式中：

n——螺旋桨旋转频率，单位为赫兹(Hz)。

平均伴流分数$(1-w)_m$是往返航行中单航次的伴流分数的平均值，按式(7-10)计算：

$$(1-w)_{\mathrm{m}}=\frac{\sum_{i=1}^{j}(1-w)_{i}}{j} \tag{7-10}$$

式中：

$(1-w)_{\mathrm{m}}$——平均伴流分数；

i——第 i 次航行，共航行 j 次；

$(1-w)_{i}$——第 i 次航行的伴流分数。

获得平均伴流分数后，船舶相对水的速度按式(7-11)计算：

$$v_{\mathrm{S}}=\frac{nD}{(1-w)_{\mathrm{m}}}\times J \tag{7-11}$$

此时的船舶总阻力按式(7-12)计算：

$$R_{\mathrm{T}}=\rho\cdot D^{2}\cdot v_{\mathrm{S}}^{2}(1-w)_{\mathrm{m}}^{2}(1-t)\cdot\tau \tag{7-12}$$

式中：

R_{T}——总阻力，单位为牛顿(N)；

ρ——流体的密度，单位为千克每立方米($\mathrm{kg/m^3}$)；

D——螺旋桨直径，单位为米(m)；

v_{S}——船舶相对水的速度，单位为米每秒(m/s)；

$(1-w)_{\mathrm{m}}$——平均伴流分数；

t——推力减额分数，通过设计数据库或模型试验获得；

τ——载荷系数。

3. 阻力增加引起的船舶性能修正

船舶试航中会受到外部环境的干扰，例如风、浪、流等，这增加了船舶阻力。同时，船舶的操舵行为、船舶实际排水量与规定排水量之间的偏差也会引起船舶阻力的修正。因此，船舶总阻力的修正公式如式(7-13)：

$$\Delta R=R_{\mathrm{AA}}+R_{\mathrm{AW}}+R_{\delta\delta}+R_{\beta\beta}+R_{\mathrm{AS}}+R_{\mathrm{ADIS}} \tag{7-13}$$

式中：

ΔR——总阻力增加，单位为牛顿(N)；

R_{AA}——风引起的阻力增加，单位为牛顿(N)；

R_{AW}——波浪引起的阻力增加，单位为牛顿(N)；

$R_{\delta\delta}$——操舵引起的阻力增加，单位为牛顿(N)；

$R_{\beta\beta}$——偏航引起的阻力增加，单位为牛顿(N)；

R_{AS}——水温和含盐量引起的阻力增加，单位为牛顿(N)；

R_{ADIS}——排水量偏差引起的阻力增加，单位为牛顿(N)。

下面阐述各种阻力增加的计算方法。

(1) 风引起的阻力增加

风引起的阻力增加与空气密度、风阻力系数、船舶暴露于风中的最大横截面积、相对风速等有关。风阻力系数是迎风阻力系数与风阻力方向系数的乘积，船舶暴露于风中的最大横截面积由水面以上船体和上层建筑两部分组成。计算风引起的阻力增加时，使用的风速为相对风速。

风引起的阻力增加按式(7-14)计算：

$$R_{AA}=0.5\rho_{A}\cdot C_{AA}(\Psi_{WR})\cdot A_{XV}\cdot v_{WR}^{2} \tag{7-14}$$

$$C_{AA}(\Psi_{WR})=C_{AA0}\times K(\Psi_{WR})$$

式中：

R_{AA}——风引起的阻力增加，单位为牛顿(N)；

ρ_{A}——空气质量密度，单位为千克每立方米(kg/m^3)；

$C_{AA}(\Psi_{WR})$——风阻力系数；

Ψ_{WR}——相对风向，单位为弧度(rad)；

C_{AA0}——迎风阻力系数；

$K(\Psi_{WR})$——风阻力方向系数；

A_{XV}——暴露于风中的最大横截面积，单位为平方米(m^2)；

v_{WR}——相对风速，单位为米每秒(m/s)。

在影响风阻力增值的诸多因素中，空气质量密度、横截面积、相对风向、相对风速可通过测量获取，而迎风阻力系数和风阻力方向系数是基于船舶模型风洞试验的数据。若能够使用相似船型的数据，则不必进行模型的风洞试验。但对于具有非常规上层建筑的船舶，有必要通过风洞试验获取其迎风阻力系数和风阻力方向系数。GB/T 30007—2013 的图 A.1 中给出了货船、油船、渡船、拖船、班船、集装箱船、运输船、LNG 等的迎风阻力系数，从中可以看出，迎风阻力系数受到船总长或船宽、船型、吃水状态的影响。

GB/T 30007—2013 的图 A.2 中给出了 Shearer 型、Wagner 型和 Beukelman 型货船以及 Tokyo maru 型、Berlekom 型、Wagner 型、Shearer 型油船的风阻力方向系数。同一船型不同吃水状态(满载、压载)下的风阻力方向系数不同且随着船艏部相对风向不断变化。图中还给出了日本船模拖曳水池会议(JTTC)的标准值。

(2) 波浪引起的阻力增加

波浪引起的阻力增加计算比较复杂，这种复杂性主要是由波浪种类(风浪、涌浪)和计算方法的多样性引起的。波浪引起的阻力增加的计算方法包括 Townsin-Kwon 法或模型试验法等。此处介绍的计算方法中规则波辐射引起的阻力增加计算采用 Maruo 理论，规则波绕射引起的阻力增加的计算基于 Faltinsen 公式。在该方法中，规则波辐射引起的阻力增加计算如式(7-15)：

$$\frac{\Delta r_1}{\zeta_A^2}=\frac{\rho}{4\pi\zeta_A^2}\left[-\int_{-\infty}^{m_1}+\int_{m_2}^{m_3}+\int_{m_4}^{\infty}\right]\frac{k_u(m)(m-k\cos\chi)}{\sqrt{k_u^2(m)-m^2}}\left(|C(m)|^2+|S(m)|^2\right)\mathrm{d}m \tag{7-15}$$

$$\left.\begin{matrix} m_1 \\ m_2 \end{matrix}\right\} = -\frac{k_0}{2}(1+2\tau \pm \sqrt{1+4\tau})$$

$$\left.\begin{matrix} m_3 \\ m_4 \end{matrix}\right\} = \frac{k_0}{2}(1-2\tau \mp \sqrt{1-4\tau})$$

$$k_u(m) = \frac{(m+k_0\tau)^2}{k_0}$$

$$\tau = \frac{v_S \omega_e}{g}$$

式中：

Δr_1——规则波的辐射波引起的阻力增加，单位为牛顿(N)；

ζ_A——波浪振幅，单位为米(m)；

ρ——水质量密度，单位为千克每立方米(kg/m^3)；

$C(m)$——对称柯钦函数，单位为立方米每秒(m^3/s)；

$S(m)$——非对称柯钦函数，单位为立方米每秒(m^3/s)；

τ——载荷系数；

k_0——波数($k_0=g/v_S^2$)，单位为每米(1/m)；

v_S——船舶相对水的速度，单位为米每秒(m/s)；

ω_e——遭遇波的圆频率，单位为弧度每秒(rad/s)；

g——重力加速度，单位为米每平方秒(m/s^2)。

$1-4\tau$ 的值应不小于 0，所以 τ 的值应不大于 1/4。若 $\tau \geqslant 1/4$，则认为 $m_3 = m_4$。在这种情况下，式(7-15)修正为：

$$\frac{\Delta r_1}{\zeta_A^2} = \frac{\rho}{4\pi\zeta_A^2}\left[-\int_{\infty}^{m_1} + \int_{m_2}^{\infty}\right]\frac{k_u(m)(m-k\cos\chi)}{\sqrt{k_u^2(m)-m^2}}(|C(m)|^2+|S(m)|^2)\mathrm{d}m$$

$C(m)$和 $S(m)$是表示船舶流场的连续分布的柯钦函数，其计算公式如下：

$$\begin{cases} C(m) = \int_L Q(x)\mathrm{e}^{imx}\,\mathrm{d}x \\ S(m) = \int_L D(x)\mathrm{e}^{imx}\,\mathrm{d}x \end{cases}$$

$Q(x)$和 $D(x)$分别是 x 轴上的源分布和偶极分布。连续分布以切片法、统一场理论或其他方法获得。

对于短波，入射波绕球鼻艏的绕射非常明显，形成波浪阻力增加的主要部分。基于细长体假设未充分考虑钝球鼻艏处波浪绕射的影响，因此，作为对式(7-15)中此种影响的修正，宜使用 Faltinsen 公式计算规则波的绕射波引起的阻力增加，按式(7-16)计算：

$$\frac{\Delta r_2}{\zeta_A^2} = \frac{1}{2}\rho g \alpha_1\left[\int_{\mathrm{I}}\left[\sin^2(\chi-\theta) - \frac{2\omega v_S}{g}\{\cos\chi - \cos\theta\cos(\chi-\theta)\}\right]\sin\theta \mathrm{d}l + \int_{\mathrm{II}}\left[\sin^2(\chi+\theta) - \frac{2\omega v_S}{g}\{\cos\chi - \cos\theta\cos(\chi+\theta)\}\right]\sin\theta \mathrm{d}l\right] \tag{7-16}$$

式中：

Δr_2——规则波的绕射波引起的阻力增加，单位为牛顿(N)；

α_1——吃水影响因子；

$$\alpha_1 = \frac{\pi^2 I_1^2(1.5kd)}{\pi^2 I_1^2(1.5kd) + K_1^2(1.5kd)}$$

I_1——第一类修正贝塞尔函数；

K_1——第二类修正贝塞尔函数；

k——波数($k=\omega^2/g$)，单位为每米(1/m)；

d——船舶吃水，单位为米(m)；

χ——波浪入射角，单位为弧度(rad)；

θ——水线切线与主轴之间的夹角，单位为弧度(rad)；

ω——入射波的圆频率，单位为弧度每秒(rad/s)；

v_S——船舶相对水的速度，单位为米每秒(m/s)；

l——沿水线的坐标值，单位为米(m)。

Faltinsen 公式不像 Kwon 公式适用于任何方向的波浪，Faltinsen 公式只适用于船首迎浪。当波浪入射角 $\chi<\pi/2$ 时该公式失效，建议此时的 Δr_2 取零。

图 7-5 中 1 表示阴影区；2 表示区域 I；3 表示区域 Ⅱ；4 表示波浪。式(7-16)中 Ⅰ 的积分范围为 BO 弧线、角度范围为 $0<\theta<\theta_{\mathrm{I}}$；Ⅱ 的积分范围为 OA 弧线、角度范围为 $0<\theta<\theta_{\mathrm{II}}$。

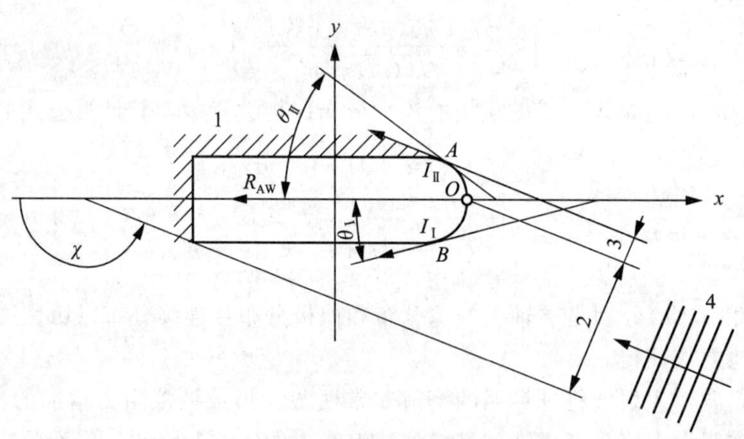

图 7-5　积分区域示意图

事实上，船舶在试航中通常遭遇的是不规则波。规则波是波面起伏和传播呈现一定规律的波浪，其两相邻波的波浪要素(波高、波长、周期、波速等)相同，例如海面上风停后余留的波浪或传播至风作用区域以外的波浪(涌浪)。相反，波面起伏呈现随机性的波浪称为不规则波，例如海面上的由风直接作用产生的风浪。

规则波包括微幅简谐波和有限振幅的坦谷波，其波形可以用简单函数表达。不规则波是由无数不同幅值、不同频率和初相位的简谐波叠加而成，无法用简单函数表述，需用概率统计方法和随机过程理论描述波浪的统计特征和波能谱密度函数来计算。正是根据规则波和不规则波的这些特征，此处不规则波中船舶遭遇到的阻力增加按式(7-17)计算：

$$R_{AW(\chi)} = 2\int_{-\pi}^{\pi} G(\alpha-\chi)\left[\int_{0}^{\infty} S(f)\,\frac{\Delta r(f,\alpha)}{\zeta_A^2}\mathrm{d}f\right]\mathrm{d}\alpha \tag{7-17}$$

式中：

$R_{AW(\chi)}$——不规则波中的船舶阻力增加，单位为牛顿(N)；

α——入射基波的方向，单位为弧度(rad)；

$G(\alpha-\chi)$——入射波的方向分布；

$S(f)$——入射波的频率分布，单位为平方米每秒(m^2/s)；

f——船舶吃水，单位为米(m)。

规则波引起的阻力增加 Δr 为规则波辐射引起的阻力增加 Δr_1 与规则波绕射引起的阻力增加 Δr_2 之和，即：

$$\frac{\Delta r}{\zeta_A^2}=\frac{\Delta r_1}{\zeta_A^2}+\frac{\Delta r_2}{\zeta_A^2}$$

式中，ζ_A 是波浪的振幅。不规则波可看作一系列规则波的叠加，这种叠加体现在式(7-17)，Δr 被修正为不同波向和吃水下的 $\Delta r(f,\alpha)$。

确定风浪波浪谱的方法有两种，一是采用测量方法确定；另一种是采用 ITTC 标准海浪谱。采用测量方法确定波浪数据时，波浪谱为：

$$S(f)=\frac{0.08H_{1/3}^2T_{02}}{(T_{02}f)^5}\exp\left\{-\frac{0.32}{(T_{02}f)^4}\right\}$$

式中，$H_{1/3}$ 是风浪有义波高；T_{02} 是零阶到二阶之间的平均周期。当采用测量方法不可行时，目测估计风浪的有义波高和波浪平均周期，入射波的频域分布采用 ITTC 标准海浪谱：

$$S(f)=\frac{0.11H_{1/3}^2T_{01}}{(T_{01}f)^5}\exp\left\{-\frac{0.44}{(T_{01}f)^4}\right\}$$

式中，T_{01} 是零阶到一阶之间的平均周期。

风浪的方向分布可以标准化为 $\cos^2$ 型分布，方向分布函数为：

$$G(\alpha)=\frac{2}{\pi}\cos^2\alpha\left(-\frac{\pi}{2}<\alpha<\frac{\pi}{2}\right)$$

涌浪通常采用 JONSWAP 谱，$S(f)$ 和 $G(\alpha)$ 的公式分别为：

$$S(f)=\frac{0.072H_{1/3}^2T_{01}}{(T_{01}f)^5}\exp\left\{-\frac{0.44}{(T_{01}f)^4}\right\}\times 3.3^{\exp\{-0.5(1.3T_{01}f-1)^2/\sigma^2\}}$$

式中，T_{01} 是零阶到一阶之间的平均周期。当 $f\leqslant(1.3T_{01})^{-1}$ 时，$\sigma=0.07$；当 $f>(1.3T_{01})^{-1}$ 时，$\sigma=0.09$。

$$G(\alpha)=2.447\left(\cos\frac{\alpha}{2}\right)^{150}\quad\left(-\frac{\pi}{2}<\alpha<\frac{\pi}{2}\right)$$

综上所述，波浪引起的阻力增加分为规则波和不规则波引起的阻力增加，前者又分为规则波辐射和规则波绕射引起的阻力增加来计算。规则波引起的阻力增加是计算不规则波引起的阻力增加的基础。

(3) 操舵引起的阻力增加

试航中要求船舶保持既定航向，但由于受到风、浪、流等干扰因素作用，船舶可能偏离航向，这就需要进行操舵修正。操舵会增加船舶阻力，其引起的阻力增加按式(7-18)计算：

$$R_{\delta\delta}=0.5\rho(1-t_R)\cdot f_\alpha(\lambda_R)\cdot A_R\cdot v_{eff}^2\cdot\delta_R^2\tag{7-18}$$

$$f_\alpha(\lambda_R)=\frac{6.13\lambda_R}{2.25+\lambda_R}$$

式中：

$R_{\delta\delta}$——操舵引起的阻力增加，单位为牛顿(N)；

ρ——(水)质量密度，单位为千克每立方米(kg/m^3)；

t_R——操舵引起的阻力减额分数；

λ_R——舵的展弦比；

A_R——舵面积，单位为平方米(m^2)；

v_{eff}——舵面处有效来流速度，单位为米每秒(m/s)；

δ_R——转舵角，单位为弧度(rad)。

式中的操舵引起的阻力减额分数(t_R)与推力减额分数(t)获取方法类似，都可通过设计数据库或模型试验获得。而舵面处有效来流速度 v_{eff}的计算式如下：

$$v_{eff}=\frac{0.75v_S}{(1-S_R)}\sqrt{1-2(1-c_1c_2)S_R+[1-c_1c_2(2-c_2)]S_R^2}$$

$$c_1=\frac{D}{b_R}$$

$$c_2=0.8\,(1-w)_m$$

式中：

v_S——船舶相对水的速度，单位为米每秒(m/s)；

S_R——实际滑脱比；

D——螺旋桨直径，单位为米(m)；

b_R——舵跨度，单位为米(m)；

$(1-w)_m$——平均伴流分数。

操舵引起的阻力减额分数(t_R)随方形系数(C_B)的增加在逐渐减小，相应地，$(1-t_R)$的值在逐渐增加。C_B是船体水线以下的型排水体积∇与由船长 L、型宽 B、吃水 d 构成的长方体体积之比，它的大小表示船体水下体积的肥瘦程度。对于 C_B

较大的船舶，可认为舵需要提供更大的阻力才能使船舶回到正常航向上，因而操舵引起的阻力增加 $R_{\delta\delta}$ 也较大。

(4) 偏航引起的阻力增加

船舶在水平面内运动时，即使方向始终与航向一致，但受到自身以外的干扰(风、浪、流等)，船舶首向会与重心处的速度矢量产生偏差，两者间的水平夹角称为偏航角。偏航角可以通过理论或其他方法估算。偏航引起的阻力增加按式(7-19)计算：

$$R_{\beta\beta}=0.25\pi\times\rho\cdot d^{2}\cdot v_{S}^{2}\cdot\beta^{2} \tag{7-19}$$

式中：

$R_{\beta\beta}$——偏航引起的阻力增加，单位为牛顿(N)；

ρ——(水)质量密度，单位为千克每立方米(kg/m^3)；

d——船舶吃水，单位为米(m)；

v_S——船舶相对水的速度，单位为米每秒(m/s)；

β——偏航角，单位为弧度(rad)。

(5) 水温和含盐量引起的阻力增加

水温和含盐量的变化使水的质量密度变化，进而影响船舶的浮性和阻力。由于试航区域和季节变化会引起水温和含盐量的差别，导致实际试航条件与合同或模型试验条件间存在偏差，因而需要修正。水温和含盐量引起的阻力增加按式(7-20)计算：

$$R_{AS}=R_{T0}\left(1-\frac{\rho}{\rho_{0}}\right)-R_{F}\left(1-\frac{C_{F0}}{C_{F}}\right) \tag{7-20}$$

$$R_{T0}=\frac{1}{2}\rho_{0}\cdot v_{S}^{2}\cdot S_{W}\cdot C_{T0}$$

$$R_{F}=\frac{1}{2}\rho\cdot v_{S}^{2}\cdot S_{W}\cdot C_{F}$$

式中：

R_{AS}——水温和含盐量引起的阻力增加，单位为牛顿(N)；

R_{T0}——在合同规定的水温和含盐量条件下，通过模型试验获得的总阻力，单位为牛顿(N)；

ρ——试航中实际水温和含盐量条件下水的质量密度，单位为千克每立方米(kg/m^3)；

ρ_0——合同规定的水温和含盐量条件下水的质量密度，单位为千克每立方米(kg/m^3)；

R_F——试航中在实际水温和含盐量条件下的摩擦阻力，单位为牛顿(N)；

C_{F0}——在合同规定的水温和含盐量条件下的摩擦阻力系数；

C_F——试航中在实际水温和含盐量条件下的摩擦阻力系数；

v_S——船舶相对水的速度，单位为米每秒(m/s)；

S_W——湿表面积，单位为平方米(m^2)；

C_{T0}——在合同规定的水温和含盐量条件下，总阻力系数。

式(7-20)由总阻力 R_{T0} 和摩擦阻力 R_F 两部分的修正构成，总阻力修正值和摩擦阻力修正值之差被认为是水温和含盐量引起的阻力增加。根据 GB/T 7727.3—1987 的定义，总阻力是船舶在静水中航行时受到的摩擦阻力、兴波阻力、黏压阻力等各种水阻力之总和，并在正常情况下不包括空气阻力。而摩擦阻力是流体流经物体时由流体切应力的合力形成的阻力，可见此处的阻力增加不考虑水温和含盐量变化对兴波阻力、黏压阻力等的影响。

在水面上实际航行的某给定船舶(船型一定)的船体总阻力既与水面兴波有关，又要考虑水的黏性，所以总阻力应是水质量密度、运动黏度、船长、船速、重力加速度的函数。根据边界层理论，当水或空气流经平板表面时，由于流体的黏性作用，在平板表面附近形成界层，在边界层内用牛顿内摩擦定律计算平板表面受到的摩擦切应力为：

$$\sigma=\nu\frac{\partial v}{\partial y}$$

因此，式(7-20)中除规定或测量的变量外，随温度变化的水质量密度 ρ 和运动黏度 ν 尤其重要。淡水(含盐量为零)质量密度的计算公式如下：

$$\rho(T_W)=g(a+bT_W+cT_W^2+dT_W^3)$$

式中：

$\rho(T_W)$——水温为 T_W 时的(水)质量密度，单位为千克每立方米(kg/m^3)；

T_W——水温，单位为摄氏度(℃)；

$a=101.9492$；

$b=5.503076\times10^{-3}$；

$c=-7.68434\times10^{-4}$；

$d=3.611636\times10^{-6}$。

淡水运动黏度(含盐量为零)ν 计算公式如下：

$$\nu(T_W)=a+bT_W+cT_W^2+dT_W^3+eT_W^4$$

式中：

$\nu(T_W)$——水温为 T_W 时的运动黏度，单位为平方米每秒(m^2/s)；

$a=1.786170\times10^{-6}$；

$b=-6.071739\times10^{-8}$；

$c=1.507093\times10^{-9}$；

$d=-2.552462\times10^{-11}$；

$e=2.087519\times10^{-13}$。

海水(含盐量为3.5%)的质量密度的计算公式如下：

$$\rho(T_W)=g(a+bT_W+cT_W^2+dT_W^3)$$

式中：

$a=104.83004$；

$b=-6.210858\times10^{-3}$；

$c=-5.976822\times10^{-4}$；

$d=2.5797397\times10^{-6}$。

海水运动黏度(含盐量为3.5%)ν计算公式如下：

$$\nu(T_W)=a+bT_W+cT_W^2+dT_W^3+eT_W^4$$

式中：

$a=1.8277885\times10^{-6}$；

$b=-6.0200312\times10^{-8}$；

$c=1.528715\times10^{-9}$；

$d=-2.741868\times10^{-11}$；

$e=2.3718711\times10^{-13}$。

T_W是摄氏温度。当海水含盐量在0%～3.5%之间时，使用线性插值法计算海水的质量密度和运动黏度。

(6) 排水量引起的阻力增加

通常船舶在试航时可调整排水量和纵倾使其达到规定值。此外，在单航次中实际排水量与规定值的偏差应小于2%，纵倾与规定值的偏差应小于船舯吃水的1%。若排水量的偏差较大，应按式(7-21)进行修正：

$$R_{ADIS}=0.65R_T(\frac{\Delta_0}{\Delta}-1) \tag{7-21}$$

$$R_T=\frac{1}{2}\rho\cdot v_S^2\cdot S\cdot C_T$$

式中：

R_{ADIS}——排水量引起的阻力增加，单位为牛顿(N)；

R_T——基于模型试验的试航工况下的总阻力，单位为牛顿(N)；

Δ_0——合同中规定的排水量；

Δ——试航中的排水量；

ρ——(水)质量密度，单位为千克每立方米(kg/m^3)；

v_S——船舶相对水的速度，单位为米每秒(m/s)；

S——湿表面积，单位为平方米(m^2)；

C_T——总阻力系数。

试航时纵倾的偏差一般不作修正。如果试航时未达到合同规定相应吃水和排水量下的船速，则按照合同规定的吃水实施模型试验并在预期吃水下进行试航。若试航证实了基于预期吃水下的预报，则对合同规定的吃水假设适用相同的修正。这种修正是满足合同规定的。

船舶在水中航行时，船体水线以下部分长期浸没在水中会生锈，同时船体外板及附体附生贝类、海藻、浮游生物等，使船体表面变得脏污，这种现象称为船舶污底。污底会使船体表面粗糙度增加，船重增大，增加船舶航行阻力从而使船舶航行速度下降。为防止污底，船舶浸水表面一般涂有防污漆或采用其他防污措施，并定期入坞做表面清洗。若试航是在船舶最近一次船体涂装和螺旋桨清洁之后的合理周期内进行，则认为表面粗糙度的改变较小，对船舶性能的影响可以忽略不计。若试航发生在入坞清洗后很久才进行，则应采取措施修正表面粗糙度的影响，但现有的修正方法并不科学，所以不能被使用。

阻力增加引起的船舶性能修正部分包括对表 7-5 中参数的计算或修正。总阻力增加 ΔR 为表 7-5 中序号 1～6 之和，而总阻力增加对载荷系数修正 $\Delta\tau$ 按式(7-22)计算：

$$\Delta\tau=\frac{\Delta R}{R_{\mathrm{T}}}\times\tau \tag{7-22}$$

表 7-5　阻力增加引起的船舶性能修正的参数

序号	符号	定义	单位	获取方式
1	R_{AA}	风引起的阻力增加	N	式(7-14)
2	R_{AW}	波浪引起的阻力增加	N	式(7-17)
3	$R_{\delta\delta}$	操舵引起的阻力增加	N	式(7-18)
4	$R_{\beta\beta}$	偏航引起的阻力增加	N	式(7-19)
5	R_{AS}	水温和含盐量引起的阻力增加	N	式(7-20)
6	R_{ADIS}	排水量引起的阻力增加	N	式(7-21)
7	ΔR	总阻力增加	N	式(7-13)
8	$\Delta\tau$	载荷系数修正	—	式(7-22)
9	τ_1	载荷系数	—	式(7-23)
10	J_1	螺旋桨进速系数	—	见图 7-4
11	K_{Q1}	扭矩系数	—	见图 7-4
12	n_1	螺旋桨旋转频率	Hz	式(7-24)
13	K'_{Q}	扭矩系数	—	见图 7-6
14	J	螺旋桨进速系数	—	见图 7-4
15	τ'	载荷系数	—	见图 7-4

续表 7-5

序号	符号	定义	单位	获取方式
16	Δv_G	船速修正	m/s	式(7-25)
17	v'_G	船舶对地速度	m/s	式(7-26)
18	P'_D	收到功率	kW	式(7-27)
19	P'_S	轴功率	kW	式(7-28)

载荷系数 τ 与载荷系数修正 $\Delta\tau$ 之差为阻力增加修正后的载荷系数，用 τ_1 表示：

$$\tau_1 = \tau - \Delta\tau \tag{7-23}$$

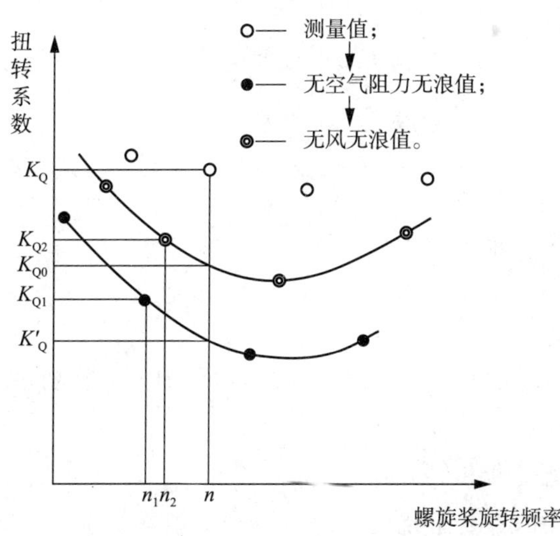

图 7-6 扭矩系数与螺旋桨旋转频率曲线

载荷系数修正会对螺旋桨进速系数、扭矩系数等参数产生影响，螺旋桨进速系数 J 和载荷系数 τ 利用螺旋桨敞水特性曲线确定，见图 7-4。根据 τ_1，从图 7-4 获得修正后的 J_1 和 K_{Q1}。而螺旋桨旋转频率 n_1 按式(7-24)计算：

$$n_1 = n \times \frac{J}{J_1} \tag{7-24}$$

图 7-6 中“○”表示的螺旋桨敞水情况下的 K_Q 和 n 的测量值，经过载荷系数修正，K_Q 和 n 分别转换为无空气阻力无浪下的 K_{Q1} 和 n_1，即“●”表示的值。采用最小二乘法或其替代方法形成光滑 K_{Q1}-n_1 曲线。在螺旋桨旋转频率为 n 时，扭矩系数的测量值为 K_Q，对应的无空气阻力无浪值为 K'_Q。然后从图 7-4 中获取与 K'_Q 对应的 J 和 τ。

阻力增加对船舶对地速度的修正按式(7-25)计算：

$$\Delta v_G = \frac{a \cdot D \cdot n \cdot (K'_Q - K_Q)}{(1-w)_m} \tag{7-25}$$

$$a=\frac{J_{\mathrm{H}}-J_{\mathrm{L}}}{(K_{\mathrm{QH}}-K_{\mathrm{QL}})}$$

式中：

Δv_{G}——船舶对地速度修正，单位为米每秒(m/s)；

J_{H}——K_{QH}处螺旋桨进速系数，通过螺旋桨特性曲线获得；

J_{L}——K_{QL}处螺旋桨进速系数，通过螺旋桨特性曲线获得；

K_{QH}——K_{Q}的最大测量值；

K_{QL}——K_{Q}的最小测量值。

船舶对地速度、螺旋桨收到功率和轴功率的修正按式(7-26)～式(7-28)计算：

$$v'_{\mathrm{G}}=v_{\mathrm{G}}+\Delta v_{\mathrm{G}} \tag{7-26}$$

$$P'_{\mathrm{D}}=P_{\mathrm{D}}\cdot\frac{K'_{\mathrm{Q}}}{K_{\mathrm{Q}}} \tag{7-27}$$

$$P'_{\mathrm{S}}=\frac{P'_{\mathrm{D}}}{\eta_{\mathrm{T}}} \tag{7-28}$$

式中：

P_{D}——收到功率，单位为千瓦(kW)；

K_{Q}——扭矩系数；

η_{T}——传递效率。

修正后的船舶对地速度 v'_{G}、螺旋桨收到功率 P'_{D} 和轴功率 P'_{S} 构成了无空气阻力无浪时的船舶性能。

4. 流引起的船舶性能修正

流是船舶试航中的重要干扰因素之一，会对船舶的速度和航向产生影响。操舵使航向基本保持一致，此处主要讨论流对船速的作用。试航中主机的转速不是固定的，假设在某时间点，船舶对地速度为 $v'_{\mathrm{G}(i+1)}$ 时的螺旋桨旋转频率为 $n_{(i+1)}$，$v'_{\mathrm{G}(i+1)}$ 在第 i 航次的螺旋桨旋转频率 n_i 时修正为：

$$v''_{\mathrm{G}(i+1)}=v'_{\mathrm{G}(i+1)}\times\frac{n_i}{n_{i+1}} \tag{7-29}$$

式中：

n_i——第 i 航次中的螺旋桨旋转频率，单位为赫兹(Hz)；

n_{i+1}——第 $i+1$ 航次中的螺旋桨旋转频率，单位为赫兹(Hz)。

由此得出在螺旋桨旋转频率为 n_i 时，该时间点的平均海/水流速度 v_{FM} 按式(7-30)计算：

$$v_{\mathrm{FM}}=\frac{v''_{\mathrm{G}(i+1)}-v'_{\mathrm{G}(i)}}{2} \tag{7-30}$$

式中：

v_{FM}——平均海/水流速度，单位为米每秒(m/s)；

$v''_{G(i+1)}$——第 $i+1$ 航次中的船舶对地速度，单位为米每秒(m/s)；

$v'_{G(i)}$——在第 i 航次中的船舶对地速度，单位为米每秒(m/s)。

v_{FM}是船舶试航往返航次中海/水流速度的平均值，例如往返航行5次，则有5组 v_{FM}的值，根据这些值拟合出 v_F随时间变化的曲线，就可以得出任意时间点的 v_F。通常往返航行次数越多得出的 v_F也越精确。但试航往往需考虑成本、时间等其他因素，因此，航行次数是权衡多种因素的综合值。GB/T 30007—2013 中的图4就是由 v_{FM}到 v_F的示意图。

所以，按照每个时间点 t_i对应的海/水流速度 v_F，经过海/水流影响修正后的船舶相对水速度也变为：

$$v''_S = v'_S + v_F \tag{7-31}$$

式中：

v''_S——修正后的船舶相对水速度，单位为米每秒(m/s)。

获得流速的另一种方法是用流速计测量，所获得的海/水流数据可以直接使用。

海/水流引起的船舶性能修正的参数见表7-6。

表7-6　海/水流引起的船舶性能修正的参数

序号	符号	定义	单位	获取方式
1	$v''_{G(i+1)}$	船舶对地速度	m/s	式(7-29)
2	v_{FM}	平均流速	m/s	式(7-30)
3	v_F	每航次中的流速	m/s	GB/T 30007—2013 中图4
4	v''_S	船舶相对水速度	m/s	式(7-31)

5. 空气阻力引起的船舶性能修正

风作用于海面会产生风浪，使海面的形状发生变化，出现浪花、飞沫等现象。风也会直接作用于水面以上船体部分，形成风阻力或推动力。考虑风阻力对船舶载荷系数和扭矩系数的影响，可得到无风无浪无流情况下的船舶性能。无风工况对载荷系数的修正如式(7-32)：

$$\Delta\tau_A = \frac{\rho_A \cdot A_{XV} \cdot C_{AA0}}{2\rho \cdot D^2(1-t)(1-w)_m^2} \tag{7-32}$$

式中：

$\Delta\tau_A$——载荷系数修正；

ρ_A——空气质量密度，单位为千克每立方米(kg/m³)；

A_{XV}——暴露于风中的最大横截面积(船舶水线以上部分沿船舶纵向的投影面积)，单位为平方米(m²)；

C_{AA0}——迎风阻力系数；

ρ——水质量密度，单位为千克每立方米(kg/m³)；

D——螺旋桨直径，单位为米(m)；

t——推力减额分数；

$(1-w)_{m}$——平均伴流分数。

则载荷系数再次修正为：

$$\tau_2=\tau'+\Delta\tau_A \tag{7-33}$$

从图7-4中找出与τ_2相对应的螺旋桨进速系数J_2和扭矩系数K_{Q2}，与J_2对应的螺旋桨旋转频率n_2按式(7-34)计算：

$$n_2=n\times\frac{J'}{J_2} \tag{7-34}$$

然后，在图7-6中绘出各工况下的K_{Q2}、n_2(图中◎)，并用最小二乘法或其他方法形成光滑K_{Q2}-n_2曲线。当螺旋桨旋转频率为n时，K_{Q2}-n_2曲线上对应的扭矩系数为K_{Q0}。处于无风工况下时，船舶相对水的速度修正公式如式(7-35)：

$$\Delta v'_S=\frac{a\cdot D\cdot n\cdot(K_{Q0}-K'_Q)}{(1-w)_m} \tag{7-35}$$

式中a见式(7-25)。

因此，船舶螺旋桨转速频率为n时，无风无浪无流工况中的船舶相对水速度、螺旋桨处的收到功率和轴功率分别按式(7-36)～式(7-38)计算：

$$v''_S=v'_S-\Delta v'_S \tag{7-36}$$

$$P_{D0}=P_D\times\frac{K_{Q0}}{K_Q} \tag{7-37}$$

$$P_{S0}=\frac{P_{D0}}{\eta_T} \tag{7-38}$$

式中：

K_Q——扭矩系数；

η_T——传递效率的数值。

修正后船舶相对水的速度v''_S、螺旋桨收到功率P_{D0}和轴功率P_{S0}构成了无风无浪无流或其他规定工况时的船舶性能。

6. 浅水引起的船舶性能修正

船舶测速试航对试验水域的水深有要求，该要求是通过浅水效应引起的速度损失与船舶相对水的速度的比值体现的，即$\Delta v_S/v_S\leqslant0.02$。但即使是在要求范围内的水深，也会或多或少地对船舶相对水的速度产生修正，其修正按式(7-39)计算：

当$\frac{A_M}{h^2}\geqslant0.05$时，

$$\frac{\Delta v_S}{v_S}=0.1242\left(\frac{A_M}{h^2}-0.05\right)+1-\left(\tanh\frac{gh}{v_S^2}\right)^{\frac{1}{2}} \tag{7-39}$$

式中：

Δv_S——浅水效应引起的速度损失，单位为米每秒(m/s)；

v_S——船舶相对水的速度，单位为米每秒(m/s)；

A_M——水下船舯横剖面积，单位为平方米(m^2)；

h——水深，单位为米(m)；

g——重力加速度，单位为米每平方秒(m/s^2)。

而在已知船舶水下船舯横剖面积 A_M、重力加速度 g、船舶相对水速度 v_S 的数值，且 $\Delta v_S/v_S$ 比值范围确定的前提下，能够求解出水深 h 的数值范围。而 GB/T 30007—2013 中图 F.1 中就给出了参数 $\sqrt{A_M}/h$、v_S^2/gh 以及 $\Delta v_S/v_S$ 三者之间的线性关系。若假设已知 $\Delta v_S/v_S$ 的值，则可从图中相应曲线上获取一系列 $\sqrt{A_M}/h$ 和 v_S^2/gh 的数值，再将 $\sqrt{A_M}/h$ 和 v_S^2/gh 的数值代入式(7-39)，直至使式(7-39)左右平衡。以此时的 $\sqrt{A_M}/h$ 或 v_S^2/gh 值为基础，求解 h。

最终经过浅水修正后船舶相对水的速度 v_{S0} 如式(7-40)：

$$v_{S0}=v''_S+\Delta v''_S \tag{7-40}$$

式中：

$\Delta v''_S$——浅水引起的船舶相对水的速度修正值，单位为米每秒(m/s)。

7. 最终船舶性能

最终船舶性能即是船舶在深水无风无浪无流工况下每航次的船舶性能。此时螺旋桨旋转频率为 n，螺旋桨收到功率 P_{D0}、轴功率 P_{S0} 和船舶速度 v_{S0} 分别按式(7-37)、式(7-38)和式(7-40)计算。最终船舶性能为往返航行中单航次性能的平均值。

第五节 速度和功率性能评估示例

GB/T 30007—2013 第 7 章“分析方法示例”中提供了满载工况下的某单螺旋桨大型油船(VLCC)的计算示例，对于专业人员，通过仔细研究标准即可理解示例计算过程，但对于非专业人员，由于标准中仅仅给出了计算方法，对其原理未进行解释，使得对于示例的理解可能还存在一定的困难。这里我们针对该示例进行详细解读，以便于读者能更深入灵活的使用本标准。限于篇幅，以下示例中表格或正文中出现的符号除特别说明外，均与标准 GB/T 30007—2013 中的定义相同。示例的解读基本按照 GB/T 30007—2013 第 7 章“分析方法示例”的数据顺序进行。

某 VLCC 大型油船速度和功率性能计算

一、基本参数

某船的基本参数见表 7-7。

表 7-7 基本参数

船体								舵	
L_{PP}	B	d	纵倾	Δ	C_B	A_M	A_{XV}	A_R	b_R
m	m	m	m	t	—	m^2	m^2	m^2	m
318.0	58.0	18.5	0.0	273740	0.78	1070	1132	95.5	14.2
螺旋桨		效率			水深	密度		温度	
D	P	η_T	η_R	$1-t$	h	ρ	ρ_A	T_W	
m	m	—	—	—	m	kg/m^3	kg/m^3	℃	
9.5	8.3	0.971	1.0	0.87	500.0	1024.0	1.225	20.0	

数据解读如下：

(1) 主尺度、效率

船舶主尺度、舵、螺旋桨等数据均可以从船舶的设计资料中获得(船体说明书、轮机说明书、螺旋桨敞水曲线资料等)。

(2) 水深

一般船舶安装有水深测试仪，可以直接读取数据，但由于测试仪一般安装于船舶底部，因此所读取的数据应加上船舶当前的吃水。

(3) 海水密度

一般情况下海水密度可取 $1.025\times10^3 kg/m^3$，但如果对精度要求较高，可以使用密度计来实际测量海水密度。

(4) 空气密度

空气密度随着不同区域的大气压力和温度而变化，一般在标准大气压下，20℃时空气密度为 $1.205kg/m^3$。但如果对精度要求较高，可采用下式来计算空气密度：

空气密度＝1.293×(实际压力/标准物理大气压)×(273.15/实际绝对温度)

式中：

绝对温度＝摄氏温度＋273.15；

实际大气压可以采用气压计来测量。

二、 螺旋桨敞水特性

螺旋桨敞水特性见表 7-8。

表 7-8 螺旋桨敞水特性参数

进速系数 J	0.5500	0.6000	0.6500	0.7000
推力系数 K_T	0.2119	0.1907	0.1689	0.1465
扭矩系数 $10K_Q$	0.3114	0.2893	0.2660	0.2415

数据解读如下：

螺旋桨敞水特性在整个数据修正过程中是最为重要的数据，该数据的准确性将直接影响修正结果的精度，对此应予以特别注意。

螺旋桨敞水特性数据(曲线)一般是通过船模试验获得的，在数据修正过程中，需要进行插值，因此如果仅能获得离散数据，需要依据三个变量间(扭矩系数、推力系数、进速系数)的关系，求出其曲线关系式。三个变量间的关系如下所示：

$$10K_Q=aJ^4+bJ^3+cJ^2+dJ+e$$

$$K_T=AJ^4+BJ^3+CJ^2+DJ+E$$

式中：A、B、C、D、E、a、b、c、d、e 为系数，一般情况下，采用二次关系式就可以达到足够的精度，即可取系数 A、B、a、b 为 0。

依据三个变量间的关系对示例中已知离散数据进行进行曲线拟合(二次关系式，见图 7-7)，可得到关系式如下：

$$10K_Q=-0.24J^2-0.166J+0.4753$$

$$K_T=-0.12J^2-0.286J+0.4055$$

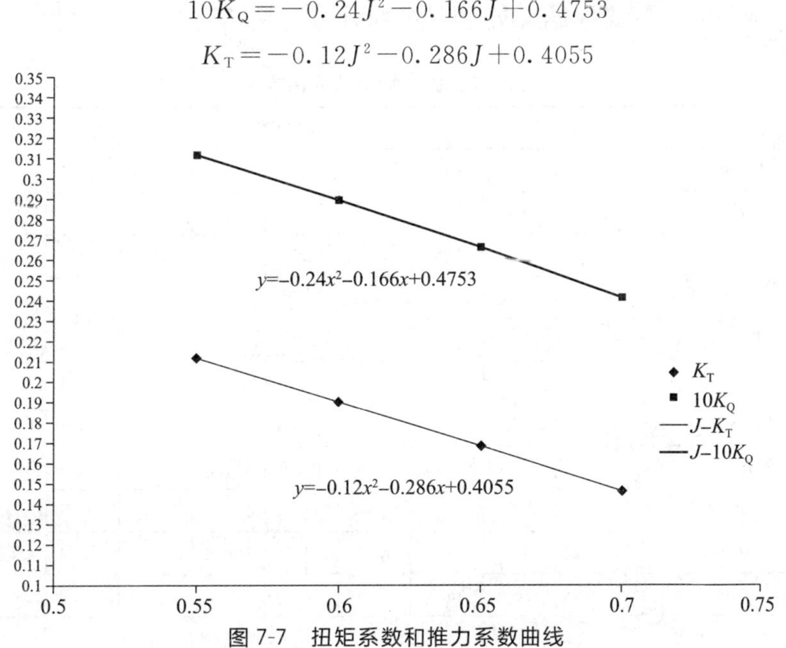

图 7-7 扭矩系数和推力系数曲线

三、 风阻力系数及风阻力方向系数

风阻力系数 $C_{AA0}=1$；风阻力方向系数采用 JTTC 标准确定。

数据解读如下：

测试风数据的主要作用是计算风阻力，风阻力的计算是按照标准(GB/T 30007—2013 附录 A 的公式)进行计算：

$$R_{AA}=0.5\rho_{A}\cdot C_{AA}(\Psi_{WR})\cdot A_{XV}\cdot v_{WR}^{2}$$

$$C_{AA}(\Psi_{WR})=C_{AA0}\times K(\Psi_{WR})$$

从公式中可以看出风阻力计算关键是在于确定风阻力系数 $C_{AA}(\Psi_{WR})$。风阻力系数可拆分为两部分来理解，即先假设船舶迎风航行，此时仅需要确定其迎风风阻力系数 C_{AA0}的大小，然后再考虑由于实际航行中风向与船向有一定角度，确定风阻力方向系数 $K(\Psi_{WR})$。

一般情况下，迎风风阻力系数和风阻力方向系数采用风洞中模型试验数据，但该试验对于一般船舶而言，从经济及可行性上考虑均存在较大难度。因此在对精度要求不是太高的情况下，可参考标准(GB/T 30007—2013 附录 A 中图 A.1 及图 A.2 通过查图)来确定。按 GB/T 30007—2013 图 A.1 中船总长/船宽＝6 的曲线，查图可得 C_{AA0}约为 0.9 左右。之所以示例船取 C_{AA0}为 1，其原因在于示例船长/船宽为 5.48，而插图曲线为 6，因此进行插值后可以确定 C_{AA0}为 1。GB/T 30007—2013 图 A.2 是多个标准或实验数据的曲线组，本示例数据来源于图中 JTTC标准的曲线。

四、 示例船测试数据（如表 7-9 所示）

表 7-9　示例船测试数据表

序号	名称	单位										
1	主机名义负荷	%	25		50		75		NOR		MCR	
2	航次序号		1	2	3	4	5	6	7	8	9	10
3	航向	°	355	175	355	175	355	175	175	355	175	355
		rad	6.196	3.054	6.196	3.054	6.196	3.054	3.054	6.196	3.054	6.196
	测量或观测数据											
4	船舶对地速度(v_G)	m/s	4.409	5.561	6.050	7.182	7.218	8.082	8.416	7.773	8.437	7.922
5	螺旋桨旋转频率(n)	Hz	0.7317	0.7300	0.9267	0.9267	1.0467	1.0467	1.0933	1.0950	1.1167	1.1133
6	轴功率(Ps)	kW	5711	5533	11349	11140	16200	16190	18500	18330	19450	19756
7	相对风速(v_{WR})	m/s	15.3	4.0	15.0	2.8	16.0	0.7	0.4	16.5	0.0	16.5
8	相对风向(Ψ_{WR})	rad	0.1745	3.7525	0.1745	3.9270	6.1959	3.6652	3.9270	6.1959	3.7525	0.1745
		°	*10.0*	*215.0*	*10.0*	*225.0*	*355.0*	*210.0*	*225.0*	*355.0*	*215.0*	*10.0*

续表 7-9

序号	名称	单位										
9	风阻力方向系数(K)		1.0400	−0.9800	1.0400	−0.8200	1.0200	−1.0400	−0.8200	1.0200	−0.9800	1.0400
10	实际风速(v_{WT})	m/s	10.98	9.13	9.10	9.37	8.83	8.70	8.70	8.78	8.44	8.81
11	实际风向(Ψ_{WT})	rad	0.1570	0.1668	0.2029	0.1256	6.0373	6.2362	6.2284	6.0314	6.1959	0.2441
		°	*9.0*	*9.6*	*11.6*	*7.2*	*345.9*	*357.3*	*356.9*	*345.6*	*355.0*	*14.0*
12	风浪平均周期(T_m)	s	3.9	3.9	3.9	3.9	3.9	3.9	2.8	2.8	2.8	2.8
13	风浪有义波高($H_{1/3}$)	m	1.0	1.0	1.0	1.0	1.0	1.0	0.5	0.5	0.5	0.5
14	风浪入射角(χ)	rad	2.97	6.11	2.97	6.11	2.97	6.11	6.11	2.97	6.11	2.97
15	涌浪平均周期(T_{sm})	s	10.59	10.59	10.59	10.59	11.32	11.32	11.32	11.32	11.32	11.32
16	涌浪有义波高($H_{S1/3}$)	m	2.0	2.0	2.0	2.0	2.5	2.5	2.5	2.5	3.0	3.0
17	涌浪入射角(χ_S)	rad	0.6981	3.8397	0.6981	3.8397	0.6981	3.8397	3.8397	0.6981	3.8397	0.6981
18	转舵角(δ_R)	rad	0.00	0.00	0.00	0.00	0.00	0.00	0.00	0.00	0.00	0.00
19	偏航角(β)	rad	0.00	0.00	0.00	0.00	0.00	0.00	0.00	0.00	0.00	0.00

说明：本表对应于 GB/T 30007—2013 中第 7 章表 2 的第 1～19 项。

数据解读如下：

(1) 数据单位

由于数据修正过程中，公式较多且数据单位要求不同，因此示例数据项的单位与行业内的常用单位有所不同，如航向采用了弧度单位，螺旋桨转速采用了赫兹(Hz)单位，对此在使用标准(GB/T 30007—2013)中的公式时应予以特别注意。

(2) 数据第 1～17 项

在标准或本指南中已有详细说明或较为容易理解，在此不予赘述。

(3) 数据第 18～19 项

示例船在试航过程中操舵和偏航非常小，其阻力增加可以忽略，因此取 0 值。

五、 测试数据基本分析（如表 7-10 所示）

表 7-10 测试数据分析

序号	分析数据											
20	收到功率(P_D)	kW	5545	5373	11020	10817	15730	15720	17964	17798	18886	19183
21	扭矩系数(K_Q)		0.028434	0.027740	0.027814	0.027302	0.027553	0.027536	0.027611	0.027230	0.027242	0.027924
22	进速系数(J)		0.6109	0.6258	0.6243	0.6352	0.6299	0.6302	0.6286	0.6367	0.6365	0.6219

续表 7-10

序号	分析数据											
23	载荷系数(τ)		0.4985	0.4583	0.4624	0.4347	0.4481	0.4471	0.4512	0.4310	0.4316	0.4686
24	实际滑脱比(S_R)		0.3008	0.2837	0.2855	0.2730	0.2791	0.2787	0.2805	0.2712	0.2715	0.2882
25	伴流分数($1-w$)		0.9631	0.7805	0.9084	0.7786	0.8677	0.7754	0.7758	0.8521	0.8003	0.8303
26	平均伴流分数($(1-w)_m$)		0.8718	0.8718	0.8435	0.8435	0.8215	0.8215	0.8140	0.8140	0.8153	0.8153
27	平均船舶相对水速度(v_S)	m/s	4.871	4.979	6.515	6.630	7.624	7.628	8.021	8.137	8.282	8.068
28	总阻力(R_T)	kN	722.640	694.122	1122.865	1093.069	1413.116	1411.854	1546.399	1520.316	1582.173	1629.900

说明：本表对应于 GB/T 30007—2013 中第 7 章表 2 的第 20～28 项。

数据解读如下：

表 7-10 中各项数据计算均按标准(GB/T 30007—2013)中的公式，结合示例的已知数据进行计算。需要注意的是上表及后续表中的数值与标准中示例表的数值有一定偏差，这是因为原表计算过程中，中间数据存在四舍五入的现象。

六、 载荷修正(如表 7-11 所示)

表 7-11　载荷修正表

序号	载荷修正											
29	风引起的阻力增加(R_{AA})	kN	168.8	−10.9	162.2	−4.5	181.0	−0.4	−0.1	192.5	0.0	196.3
30	波浪引起的阻力增加(R_{AW})	kN	31.40	111.80	31.40	106.90	31.40	182.60	180.10	7.90	264.70	7.90
31	操舵引起的阻力增加($R_{\delta\delta}$)	kN	0.00	0.00	0.00	0.00	0.00	0.00	0.00	0.00	0.00	0.00
32	偏航引起的阻力增加($R_{\beta\beta}$)	kN	0.00	0.00	0.00	0.00	0.00	0.00	0.00	0.00	0.00	0.00
33	水温和含盐量引起的阻力增加(R_{AS})	kN	0.00	0.00	0.00	0.00	0.00	0.00	0.00	0.00	0.00	0.00
34	排水量引起的阻力增加(R_{ADIS})	kN	0.00	0.00	0.00	0.00	0.00	0.00	0.00	0.00	0.00	0.00
35	总阻力增加(ΔR)	kN	200.20	100.93	193.64	102.44	212.45	182.25	180.01	200.44	264.70	204.22
36	载荷系数修正($\Delta\tau$)		0.1381	0.0666	0.0797	0.0407	0.0674	0.0577	0.0525	0.0568	0.0722	0.0587
37	载荷系数(τ_1)		0.3604	0.3917	0.3826	0.3940	0.3807	0.3894	0.3987	0.3742	0.3594	0.4099

续表 7-11

序号	载荷修正											
38	螺旋桨进速系数 (J_i)		0.6681	0.6536	0.6577	0.6526	0.6586	0.6546	0.6505	0.6616	0.6686	0.6456
39	扭矩系数 (K_{Qi})		0.02573	0.02643	0.02623	0.02648	0.02619	0.02638	0.02658	0.02604	0.02570	0.02681
40	螺旋桨旋转频率 (n_1)	Hz	0.6690	0.6990	0.8796	0.9021	1.0011	1.0077	1.0566	1.0539	1.0631	1.0724
41	扭矩系数 (K_Q')		0.02614	0.02613	0.02632	0.02632	0.02626	0.02626	0.02619	0.02619	0.02615	0.02616
42	螺旋桨进速系数 (J')		0.6597	0.6597	0.6557	0.6557	0.6572	0.6572	0.6585	0.6586	0.6593	0.6592
43	载荷系数 (τ')		0.3783	0.3781	0.3869	0.3869	0.3838	0.3838	0.3808	0.3807	0.3790	0.3793
	测试值的扭矩系数最大值(K_{QH})		0.028434	0.028434	0.028434	0.028434	0.028434	0.028434	0.028434	0.028434	0.028434	0.028434
	测试值的扭矩系数最小值(K_{QL})		0.027230	0.027230	0.027230	0.027230	0.027230	0.027230	0.027230	0.027230	0.027230	0.027230
	扭矩系数最大值对应的进速系数(J_H)		0.61087	0.61087	0.61087	0.61087	0.61087	0.61087	0.61087	0.61087	0.61087	0.61087
	扭矩系数最小值对应的进速系数(J_L)		0.63674	0.63674	0.63674	0.63674	0.63674	0.63674	0.63674	0.63674	0.63674	0.63674
	航速修正因子 (a)		−21.4857	−21.4857	−21.4857	−21.4857	−21.4857	−21.4857	−21.4857	−21.4857	−21.4857	−21.4857
44	船舶速度修正 (Δv_G)	m/s	0.39380	0.27495	0.33387	0.21901	0.33714	0.33272	0.38890	0.28566	0.30472	0.49239
45	船舶对地速度 (v_G')	m/s	4.80280	5.83595	6.38387	7.40101	7.55514	8.41472	8.80490	8.05866	8.74172	8.41439
46	收到功率 (P_D')	kW	5097.07	5060.99	10429.98	10429.98	14990.06	14990.06	17040.61	17118.42	18130.31	17969.48
47	轴功率(P_S')	kW	5249.30	5212.14	10741.48	10741.48	15437.76	15437.76	17549.55	17629.68	18611.79	18506.16

说明：本表对应于 GB/T 30007—2013 中第 7 章表 2 的第 29～47 项。

数据解读如下：

(1) 数据第 29 项

其实际含义是风和空气引起的阻力增加，这是因为在计算风引起的阻力增加时，使用的是相对风速。通俗的讲就是经本步骤修正后的数据是指船舶在真空中的数据。这也就是为何在数据修正的最后，又单独进行了一次空气阻力的修正(参见第 54～63 项)。

(2) 数据第 30 项

该项数据如前所述计算复杂且难度较大，一般船舶设计单位采用专业计算软件来进行计算，对于一般的试航测试来讲可操作性不强。如果对精度要求不高，建议可采用 ITTC 波浪阻力计算公式或中国船级社《绿色船舶规范》中推荐的简化公式计算。但应注意各公式的适用范围。

ITTC 推荐的简化计算公式：

$$R_{AW}=0.64\times H_{1/3}\times 2\times C_B\times B^2/L\times g\times p\times[0.667+0.333\cos(a)]\times 10^{-3}$$

式中：

R_{AW}——波浪阻力，单位为牛顿(N)；

$H_{1/3}$——波浪有义波高，单位为米(m)；

C_B——船舶方形系数；

B——船宽，单位为米(m)；

L——船舶水线长，单位为米(m)；

g——重力加速度，单位为米每平方秒(m/s^2)；

p——水密度，单位为千克每立方米(kg/m^3)；

a——波浪相对船首方向，单位为弧度(rad)。

中国船级社《绿色船舶规范》第 65 页中依据波高和船型的不同，给出了 6 种不同的简化方法，限于篇幅在此不一一列举。该规范可在中国船级社网站免费下载。

(3) 数据第 31～34 项

因为试航中的转舵角和偏航角均小于 0.01rad(0.6°)，所以造成的阻力增加可以忽略不计。这说明，在航向一定时，良好的操舵可以减少船舶阻力。转舵角和偏航角都极小，操舵引起的阻力增加和偏航引起的阻力增加取值为 0。实际排水量比规定值大 500t，但与 273740t 相比仍为小值(约 0.2%)，实际水密度与规定值的差异也小于 0.1%，因而水温和含盐量引起的阻力增加以及排水量引起的阻力增加可以忽略。

(4) 数据第 35～37 项

该步骤首先是计算出由于风(空气)、波浪等引起的阻力增加值(第 35 项)，求出该部分阻力对应的载荷系数(第 36 项)，扣除阻力增加的载荷系数后，求出无风(空气)、无浪等条件下的载荷系数。

(5) 数据第 38～39 项

该步骤的含义是求出新阻力值(扣除风、浪等引起的阻力)下对应的螺旋桨进速系数、载荷系数、推力系数、扭矩系数。该项计算需要用到载荷系数与推力系数的关系式：$\tau=K_T/J^2$ 及螺旋桨敞水特性关系式：$K_T=-0.12J^2-0.286J+0.4055$，$10K_Q=-0.24J^2-0.166J+0.4753$。由上述三个公式求解扣除风、浪等引起的阻力后螺旋桨的进速系数 J_1、扭矩系数 K_{Q1}。

(6) 数据第 40 项

由于船舶阻力发生变化(扣除了风、浪等影响)，进速系数必然发生变化，因此在功率不变的情况下，螺旋桨转速会发生变化。该项的目的就是求出新的进速系数 J_1、扭矩系数 K_{Q1} 对应的螺旋桨转速 n_1。为后续得到螺旋桨扭矩系数与转速的关系曲线做铺垫。

(7) 数据第 41 项

考虑到船舶航速测试的目的是得到测试转速 n(原始测试螺旋桨转速)、静水下的功率和航速。因此需要通过螺旋桨扭矩系数与转速的关系曲线，得到转速 n 下的扭矩系数。由数据第 39 项及第 40 项可以得到一系列扭矩系数 K_{Q1}、螺旋桨转速 n_1 数据组。依据该数据组采用最小二乘法或其他方法，得到 $K_{Q1}-n_1$ 关系曲线。对本示例而言其曲线表达式为：

$$K_{Q1}=-0.0049n_1{}^2+0.0091n_1+0.0221$$

将原始测试转速 n 代入上述公式，可计算得到转速 n 下的扭矩系数 $K_Q{}'$。

(8) **数据第** 42～43 **项**

该步骤的含义是计算转速 n 下的进速系数 J' 及推力系数 $K_T{}'$。该数据仍然是利用螺旋桨特性曲线关系式进行。

(9) **数据第** 44 **项**

修正过程中的中间变量如表格第 44 项前的空白项所示。中间变量依然需要利用螺旋桨特性曲线关系式进行计算。

(10) **数据第** 45～47 **项**

该步骤计算较为简单，在此略过。

七、 流修正（如表 7-12 所示）

表 7-12 流修正表

序号	海/水流											
51	平均流速(v_{FM})	m/s	0.521	0.521	0.508	0.508	0.43	0.427	0.31	0.31	0.272	0.272
52	每航次中的流速(v_F)	m/s	0.494	−0.527	0.525	−0.484	0.442	−0.404	−0.324	0.296	−0.273	0.275
53	无海/水流时的船速($v_S{}'$)	m/s	5.30	5.31	6.91	6.92	8.00	8.01	8.48	8.35	8.47	8.69

说明：本表对应于 GB/T 30007—2013 中第 7 章表 2 的第 51～53 项。

数据解读如下：

流的速度是时间函数，在整个航次中是变动的。从理论上讲，以平均流速度 v_{FM} 与系列航次中点时间 t 为坐标，可拟合出流-时间曲线，其他时间点的流速度可以从曲线上选出。因此，拟合曲线必须具有较高的精度。保证精度的方法有：①增加试航航次，多往返航行一次就多一组数据；②在每航次内增加测量点，若增加往返航次不可行，则考虑采用此种方法；③使用高阶多项式进行曲线拟合。

八、 空气阻力修正（如表 7-13 所示）

表 7-13 空气阻力修正表

序号	空气阻力修正											
54	载荷系数增加($\Delta\tau_A$)		0.01135	0.01135	0.01212	0.01212	0.01278	0.01278	0.01302	0.01302	0.01297	0.01297
55	载荷系数(τ_2)		0.38961	0.38946	0.39901	0.39901	0.39654	0.39654	0.39384	0.39372	0.39198	0.39226

续表 7-13

序号	空气阻力修正											
56	螺旋桨进速系数(J_2)		0.65451	0.65458	0.65033	0.65033	0.65142	0.65142	0.65262	0.65267	0.65345	0.65333
57	扭矩系数(K_{Q2})		0.02638	0.02638	0.02658	0.02658	0.02653	0.02653	0.02467	0.02647	0.02643	0.02644
58	螺旋桨旋转频率(n_2)	Hz	0.7375	0.7358	0.9344	0.9344	1.0559	1.0559	1.1032	1.1049	1.1268	1.1233
59	扭矩系数(K_{Q0})		0.02644	0.02644	0.02656	0.02656	0.02662	0.02662	0.02664	0.02664	0.02665	0.02665
60	船舶速度修正($\Delta v'_S$)	m/s	−0.05173	−0.05197	−0.05297	−0.05297	−0.09514	−0.09514	−0.12368	−0.12483	−0.14016	−0.13761
61	修正后的船舶速度(v''_S)	m/s	5.25	5.26	6.86	6.86	7.90	7.92	8.36	8.23	8.33	8.55
62	收到功率(P_{D0})	kW	5155.97	5119.88	10523.57	10523.57	15198.93	15198.93	17334.12	17415.58	18477.87	18308.65
63	轴功率(P_{S0})	kW	5309.96	5272.79	10837.87	10837.87	15652.86	15652.86	17815.82	17935.71	19029.73	18855.46

说明：本表对应于 GB/T 30007—2013 中第 7 章表 2 第 54～63 项。

数据解读如下：

标准原表中为风修正，其实际含义是空气阻力修正。在数据第 29 项中，将空气引起的阻力也包含在了修正步骤中，但实际测试目的是要得到非真空静水中的航速，即空气阻力是不能去除的。因此该步骤是将空气阻力附加进来。该部分修正步骤与前述对于风阻力修正的最大区别在于载荷系数，前述风(含空气)阻力载荷系数是从总阻力载荷系数中减去，而这里是需要将空气阻力载荷系数附加至总阻力载荷系数。其余计算步骤可参考载荷修正计算步骤。

九、 浅水效应修正（如表 7-14 所示）

表 7-14　浅水效应修正表

序号	浅水效应修正											
64	速度损失($\Delta v''_S$)	m/s	0	0	0	0	0	0	0	0	0	0
65	修正后的船舶速度(v_{S0})	m/s	5.25	5.26	6.86	6.86	7.90	7.92	8.36	8.23	8.33	8.55

说明：本表对应于(GB/T 30007—2013)中第 7 章表 2 的第 64～65 项。

数据解读如下：

试航条件中要求 $\Delta v_S/v_S \leqslant 0.02$，当试验水深为 500m 时，不仅满足试验条件，而且造成的浅水影响极小，故浅水引起的速度损失为 0。

十、 最终性能（如表 7-15 所示）

表 7-15　最终性能表

序号	最终船舶性能											
66	螺旋桨旋转频率(n)	r/min	43.90	43.80	55.60	55.60	62.80	62.80	65.60	65.70	67.00	66.80
	螺旋桨平均旋转频率	r/min	43.85		55.60		62.80		65.65		66.90	

续表 7-15

序号	最终船舶性能											
67	船舶速度(v_{S0})	m/s	5.25	5.26	6.86	6.86	7.90	7.92	8.36	8.23	8.33	8.55
	平均船舶航速	kn	10.21		13.33		15.37		16.12		16.41	
68	轴功率(P_{S0})	kW	5309.96	5272.79	10837.87	10837.87	15652.86	15652.86	17851.82	17935.71	19029.73	18855.46
	平均轴功率	kW	5291.37		10837.87		15652.86		17893.77		18942.60	

第六节 ISO 15016 修订的最新进展

ISO/TC8/SC6/WG17 于 2014 年 9 月 16 日～17 日在伦敦召开会议，对 ISO/DIS 15016进行了修改。修改后的 ISO/DIS 15016 与 ISO 15016：2002 的差异主要包括以下几点：

一、 明确了与 EEDI 的关系

EEDI 自提出后备受各方关注，相关公约、规范和标准中多有涉及，例如 MARPOL 附则Ⅵ、CCS 的《绿色船舶规范》以及国家标准化管理委员会发布的 GB/T 30008—2013 等。与 ISO 15016：2002 相比，ISO/DIS 15016 加强了与 EEDI 的联系。

ISO 15016：2002 范围中指出："本标准规定了用于受速度-功率-转速关系的效应影响的船舶测速试航结果分析程序。本标准适用于排水型民用船舶。本标准中未明确规定测速试航中使用的仪器和试航方法。校准仪器和通常采用的试航方法应经过认可。"标准正文中未出现 EEDI 的表述。

而 ISO/DIS 15016 的介绍中阐述，速度和功率试航的主要目的是确定规定船舶条件下船舶在速度、功率和转速方面的性能，从而验证船舶是否满足合同和/或规定船速下 EEDI 的要求。实际试航中通常不太可能达到所有规定条件。事实上，应考虑对环境条件的部分修正，如水深、风、波浪和流。ISO/DIS 15016 的目的是确定速度试航的基本条件并提供基于科学依据的考虑所有影响的速度试航的评估和修正，这些影响可能与试航的航次有关，从而使船东对最终结果建立信心。

ISO/DIS 15016 在第 1 章中重申了标准目的，阐述了可能影响速度、功率和转速关系的船舶速度试航的准备、执行、分析和记录的步骤，这些步骤包括：参与各方的责任、试航准备、船舶状态、极限天气和海域条件、试航步骤、试航执行、必要的测量、数据获取和记录、评估和修正步骤、结果处理。确定指定水深(合同水深和/或 EEDI 水深)规定条件下的合同船速和 EEDI 船速。对于 EEDI，环境条件为无风、无浪、无流以及 15℃的深水。第 2 章规范性引用文件中引用了两项关于 EEDI 的文件，即 IMO 决议 MEPC. 245(66)及其修正案《新建船达到的船舶能效设计指数(EEDI)计算方法指南(2014 版)》、IMO MEPC. 1/Circ. 816《能效设计指数(EEDI)检验和发证指南(2013 版)》。

二、 增加了标准内容

此次修订后，标准的内容大幅度增加。如表 7-16 所示。新旧版本的 ISO 15016 的章条结构差异较大，ISO 15016：2002 的正文内容有 7 章，包括范围、术语和定义、符号和缩略语等。

ISO/DIS 15016 的正文有 14 章，相对于旧版标准，增加了规范性引用文件、责任、试航准备、船舶状态、试航边界条件、试航步骤等。其中，在“责任”章节中给出了船厂责任，船厂负责速度/功率试航的计划、执行和评估。速度和功率的测量和分析应由胜任该工作的经过船厂、船东和检验方批准的人员从事。船厂应提供出航需要的所有许可证和证明书。船厂应保证在试航中操纵船舶、发动机、系统和设备的所有人员已登船。船厂应保证通知到所有管理主体，例如船级社、船东、营运代理商、供货商、承包商、港口公司、组织运输补给、燃油、淡水、拖曳等的公司，必要时登船。船厂负责检查安全措施。所有固定、移动和个人物品(船员、试航人员和乘客的)均须上船且可用。船厂应检查保证安全试航的所有安全系统符合管理要求。船厂保证进行了符合 SOLAS 公约的倾斜试验和/或至少包括速度/功率试航条件的初稳性手册被批准。船厂保证所有与速度/功率试航准备、执行、分析和记录相关的船舶数据在速度/功率试航之前提交给试航组。这些数据包括要求的信息及其试航吃水和纵倾、EEDI 吃水和纵倾、合同吃水和纵倾水池试验的结果。船厂负责船员与试航组在整个试航过程中的协调。试航组和船员之间召开预会议讨论不同的试航事件以及解决任何重大问题。若必要，船厂安排技师检查船体和螺旋桨。试航组长应在速度/功率试航的准备、执行、结果处理中维持与试航组的联系。

试航组负责根据标准规定正确测量和报告速度/功率试航，及分析测量的数据以推导船舶的速度和功率。试航组负责的事项如下：执行包括船体和螺旋桨状态在内的试航前的船舶检查；供应、安装、操作和拆除所有必要的试航仪器和临时电缆；上岸前向船长和船东代表提供初步的数据表和初步分析；完成试航后提供最终报告。

从表 7-16 中可以看出，修订后标准的附录中增加了试航状态向其他规定的载荷状态转换、载荷变化系数的推导、直接功率法分析等。对于未在满载/规定条件下完成速度/功率试航的船舶，其速度/功率试航结果可以转换到其他规定状态。使用水池试验预测的速度一功率曲线，可以从速度/功率试航结果获得其他规定条件下的速度/功率曲线。使用速度/功率试航的速度/功率曲线，利用功率比可以使试航条件下的船速转换到其他规定条件下的船速。

表 7-16 ISO 15016：2002 与最新修订的 ISO/DIS 15016 章条对比

序号	章条	ISO 15016：2002	ISO/DIS 15016
1	1	范围	范围
2	2	术语和定义	规范性引用文件
3	3	符号和缩略语	术语和定义
4	4	试航条件	责任
5	5	速度和功率测量	试航准备
6	6	分析程序	船舶状态
7	7	分析方法示例	试航边界条件
8	8	—	试航步骤
9	9	—	试航执行
10	10	—	数据获取
11	11	—	分析步骤
12	12	—	结果处理
13	13	—	记录
14	14	—	速度试航数据分析示例
15	附录 A	风引起的阻力增加	基本信息和试验记录表
16	附录 B	波浪引起的阻力增加	蒲氏风级
17	附录 C	操舵影响	风引起的阻力增加
18	附录 D	水温和含盐量的影响	波浪引起的阻力增加
19	附录 E	船舶状况的影响	水温和水密度的影响
20	附录 F	浅水影响	流影响
21	附录 G	—	浅水影响
22	附录 H	—	排水量影响
23	附录 I	—	试航状态向其他规定的载荷状态转换
24	附录 J	—	载荷变化系数的推导
25	附录 K	—	直接功率法分析

三、 试航步骤发生变化

ISO 15016：2002 中的试航试验分为 6 个步骤：

①已获得试航数据评估；

②阻力增加引起的船舶性能的修正；

③流引起的船舶性能的修正；

④空气阻力引起的船舶性能的修正；

⑤浅水引起的船舶性能的修正；

⑥最终船舶性能。

通过上述步骤可以将船舶试航的实际性能，经阻力、流、空气、浅水等的修正，得出船舶在无风无浪无流或其他规定工况时深水中的最终船舶性能。上述的步骤体现在数据层面，即在开始试验前记录通用数据(日期、试航水域、天气、试航水域平均水深、水温和密度、空气温度、风速仪在水线以上高度、艏部、舯部和艉部吃水、排水量、可调螺旋桨的螺距等)和每航次数据(航行开始时间、完成测量距离耗用时间、航向、船舶相对地速度、螺旋桨轴扭矩和/或输出功率、相对风速和风向、风浪平均周期、风浪有义波高和波浪方向、涌浪平均周期、涌浪有义波高和波浪方向、转舵角、偏航角等)。在各项修正中不断改进船舶对地速度、轴功率和螺旋桨转速，直至得到理想状态下的船舶对地速度、轴功率和螺旋桨转速。

而ISO/DIS 15016标准内容增多的原因之一就是对试航步骤的规定更加详细。其中涉及试航的主要有试航准备、试航步骤、试航执行、数据获取、分析步骤、结果处理、记录。速度/功率试航的成功与否很大程度上依赖于试航准备，试航准备的最重要的步骤有：一是安装和校准，按照规划组装所有在船上用到的试航仪器，并检查仪器有无故障或其他问题；二是速度/功率试航日程和试航前会议，出港前应召开试航前会议以确定速度/功率试航日程，会议应批准速度/功率试航日程以及用于计算试航速度和提交速度试航报告的步骤和相应的修正方法。试航步骤中要记录主要参数、次要参数、基本信息(船体状况、最近一次船体清洗、船体附体和舵、试航区域、船体湿表面积、螺旋桨数量等)、水池试验信息、测量的执行和范围。

为得到可靠的试航结果，速度/功率试航中应满足一些条件。因为阻力增加的修正是基于目测的波高、周期、波向，速度/功率试航中EEDI功率下的跑标应安排在白天进行。速度/功率试航跑标应在相同的区域进行。速度/功率试航时长应足够在要求的精度内测量速度/功率。跑标应与主风向顺风或逆风。因此，一旦跑标的去程和返程方向确定，在速度/功率试航中应准确地维持选择的航迹。经验丰富的舵手或自动驾驶仪用于在跑标中维持航向。在跑标中，单次舵角的幅度不超过5°。速度/功率试航路径应足够长以使船舶在开始跑标之前进入稳定状态。速度/功率试航应采用双航次，即在主机不变的情况下往返航行一次。航次的数量基于采用的流修正方法(迭代法、平均法)。

在速度/功率试航中准确报告速度和功率关系非常重要。为此，就要量化船舶和螺旋桨条件、船舶排水量、浅水效应、海况和风速等边界条件，因为船速和功率特性对此非常敏感。数据获取方法有两种：一种是通过数据获取系统(测量计算机)自动获取，一种是通过记录表记录信息；建议尽量用测量计算机记录更多参数以提高速度/功率试航的精确度。通常，要获取的数据也分为两种：一种是通用数据，另一种是每航次数据。

ISO/DIS 15016 第 11 章给出了速度/功率试航的分析步骤，包括获取数据的评估、风和浪引起的阻力对功率的修正、水温和水密度的修正、流效应对速度的修正、浅水效应对速度的修正、排水量对功率的修正、试航结果的表述。图 7-8 中显示了分析步骤流程结构图，可以看出，本章中的内容与 ISO 15016：2002 中第 6 章的内容相似。

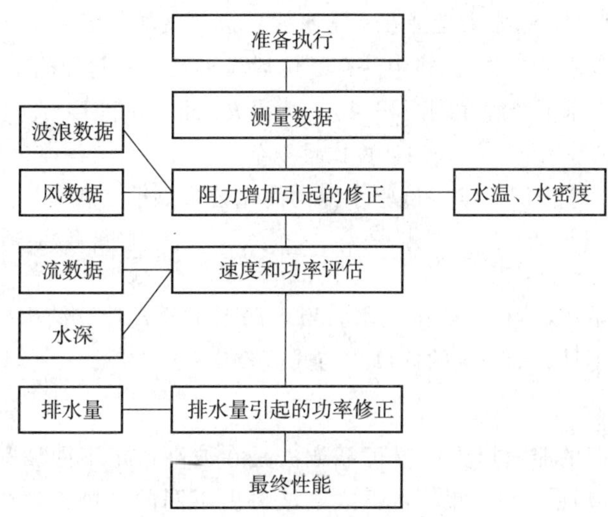

图 7-8　分析步骤流程结构图

ISO/DIS 15016 中第 12 章是结果处理，完成速度/功率试航后对测量数据进行下列处理：计算每航次中每个测量数据的平均值，平均速度是 DGPS 记录的每航次起始和终止位置与耗用时间之比值；计算往返航次中的实际风速和风向；风引起的阻力增加对功率的修正；浪引起的阻力增加对功率的修正；水温和水密度效应引起的阻力增加对功率的修正；流效应引起的速度修正和流速检验；浅水效应引起的速度修正；排水量与合同规定或 EEDI 条件的差异引起的功率修正；根据最小二乘法获得最合适的平均修正速度/功率点；推导船舶在理想状态下试航吃水时的速度；试航状态向其他规定状态的转换。

四、 计算方法的改进

随着技术的进步和 ISO 15016：2002 使用经验的增加，人们对试航的步骤和精度的要求不断提高，反映在标准文本中即是内容的增多和计算方法的改进。ISO/

DIS 15016 中计算方法主要有以下几方面的改进：

1. 风阻力增加

以风阻力增加为例，ISO 15016：2002 中的计算见式(7-14)。式中从左到右的符号分别表示风阻力增加、空气密度、风阻力系数、暴露于风中的最大横截面积、相对风速等。而 ISO/DIS 15016 中的计算式如下：

$$R_{AA}=0.5\rho_A\cdot C_{AA}(\Psi_{WRref})\cdot A_{XV}\cdot v_{WRref}^2-0.5\rho_A\cdot C_{AA}(0)\cdot A_{XV}\cdot v_G^2$$

式中右侧的前半部分与式(7-14)相同，后半部分则是船舶对地速度下的迎风阻力阻加。

2. 浅水影响

为避免浅水影响，通常会选择在一定水深处进行试航。ISO 15016：2002 中给出的浅水影响的计算见式(7-39)。式中的符号包括浅水效应引起的速度损失 Δv_S、船舶相对水的速度 v_S、水下船舯横剖面积 A_M、水深 h、重力加速度 g。当 $\Delta v_S/v_S\leqslant 0.02$ 时，可认为满足试验条件，该式的计算比较复杂。

ISO/DIS 15016 提供了求解试验水深的简化公式如下：

$$h=3\sqrt{B\cdot T_M}\quad 和\quad h=2.75\frac{v_S^2}{g}$$

式中，B 为船宽，T_M 为船中吃水。当水深大于两式计算结果中较大值时，浅水影响可以忽略不计。而 Δv_S的计算式与式(7-39)一致。

3. 波浪的影响

获得波浪引起的船速损失的最可靠方法是在波高恒定不同波长和波向中进行不同速度下的耐波性试验。此外，不规则波可由不同的规则波线性叠加而成，基于此，ISO 15016：2002 与 ISO/DIS 15016 计算波浪引起的阻力的基本思路是一致的，即先算出规则波辐射和绕射引起的平均阻力增加，再将其代入实际航行中常遭遇的短峰不规则波公式中计算阻力增值。两版本之间的区别主要在于具体的计算公式。

ISO 15016：2002 的计算见式(7-15)、式(7-16)和式(7-17)。式中 Δr_1 是规则波的辐射波引起的阻力增加；Δr_2 是规则波的绕射波引起的阻力增加；Δr 是规则波引起的阻力增加；R_{AW} 是不规则波中的船舶阻力增加。

而在 ISO/DIS 15016 中：

$$R_{AW}=2\int_0^{2\pi}\int_0^{\infty}\frac{R_{wave}(\omega,\alpha,v_S)}{\zeta_A^2}E(\omega,\alpha)\mathrm{d}\omega\mathrm{d}\alpha$$

$$E=S_f(\omega)G(\alpha)$$

但 $G(\alpha)$ 和 $S(\omega)$ 的公式与 ISO 15016：2002 中的有差异。而且

$$R_{wave}=R_{AWML}+R_{AWRL}$$

R_{AWML}、R_{AWRL} 计算公式分别如下：

$$R_{\mathrm{AWML}}=4\rho_{\mathrm{S}}g\zeta_{\mathrm{A}}^{2}\frac{B^{2}}{L_{\mathrm{PP}}}\overline{r_{\mathrm{aw}}}(\omega)$$

$$R_{\mathrm{AWRL}}=\frac{1}{2}\rho_{\mathrm{S}}g\zeta_{\mathrm{A}}^{2}B\alpha_{1}(\omega)$$

4. 排水量的影响

ISO 15016：2002 中由于排水量偏差引起的阻力增加计算见式(7-21)。式中 R_{ADIS}是排水量引起的阻力增加；R_{T}是基于模型试验的试航工况下的总阻力；Δ_0是合同中规定的排水量；Δ 是试航中的排水量；ρ 是水密度；v_{S}是船舶相对水速度；S 是湿表面积；C_{T}是总阻力系数。

ISO/DIS 15016 中规定实际要求的排水量的偏差不能超过 2%，在这一范围内，有如下关系式：

$$P_2=P_1\cdot\left(\frac{\nabla_2}{\nabla_1}\right)^{2/3}$$

式中 P_1为排水体积∇_1时的功率；P_2为排水体积∇_2时的功率。由此可见，ISO 15016：2002 与 ISO/DIS 15016 中对排水量的修正对象不同，前者中是对阻力的修正，后者则修正了功率。

第八章 天然气/燃油动力船舶新能源使用比例测定

第一节 绪论

一、标准制定背景

全球气候的不断恶化和石油燃料的日益匮乏，使得新能源的开发和利用在船舶工业得到了越来越多的关注。新能源作为一种“绿色”新技术，既能减少环境污染，又能缓解能源危机，充分体现了“科学发展”“可持续发展”“和谐发展”的发展理念。根据《中华人民共和国车船税法》和《中华人民共和国车船税法实施条例》，针对财政部、国家税务总局和工业和信息化部联合发布的《关于节约能源使用新能源车船车船税政策的通知》，亟需制订出节约能源、使用新能源船舶的减免税的具体范围、评定标准、实施方案和管理办法等，这对于贯彻落实国家政策、促进节约能源、使用新能源的船舶产业发展具有非常重要的现实意义。

为了更好地界定新能源船舶，拟采用船舶新能源使用比例作为评价的标准。顾名思义，船舶新能源使用比例即船舶新能源使用量占船舶总能源使用量的比例，本标准即是用于测定与计算该比例的重要依据。

船舶新能源的概念比较宽泛，包括天然气、太阳能、风能、燃料电池等，但目前仅天然气在船舶上的使用较为普及，其他型式新能源的实船应用较少。为此，基于实船应用现状和技术成熟程度，为突出重点，满足现阶段行业发展需求，本标准目前仅针对天然气/燃油混合动力船舶而制定标准。

二、标准制定过程

本标准与 GB/T 30008—2013《节能型船舶能效设计指数基准线值》等其他 4 项标准同步开展编制，为国家车船税减免政策的实施提供标准支撑。

编制过程中，编制组分别搜集了 CB/T 4147《船用柴油机燃油消耗率测定方法》、中国船级社的《船舶能效管理认证规范》、ISO 8217：2012《石油产品　燃料油（F 级）　船用燃料油规范》等标准和技术资料。经过征求意见，共收到 7 个单位回函，有 3 个单位提出意见共 10 条。编制组对各单位回复的意见进行了逐条处理，并修改标准文本形成送审稿，并于 2012 年 8 月 23 日在全国海洋船标准化技术委员会组织召开的标准审查会上通过了专家审查。

2013 年 10 月 10 日，国家标准化管理委员会发布了 GB/T 30011—2013《船舶新能源使用比例测定方法　天然气/燃油混合燃料动力船舶》，并于 2013 年 11 月 1 日起实施。

第二节　发动机天然气使用比例测试

由于锅炉没有使用双燃料的情况，即或为燃气锅炉（仅使用天然气），或为燃油锅炉（仅使用燃油）。若使用燃气锅炉则仅通过读表即可知道天然气消耗量，因此不存在对锅炉进行天然气使用比例测试与计算的问题。

对于主机和辅机，则存在燃油和燃气混合使用的问题。标准中规定了发动机的燃气消耗量测定方法，以获取相应的检测值，为天然气使用比例的计算奠定基础。

一、　试验条件

对于自然吸气和机械增压发动机，其试验条件参数按式(8 1)计算；对于带或不带进气中冷的涡轮增压发动机，其试验条件参数按式(8-2)计算。式中的干大气压力 p_s 按式(8-3)计算。

$$f_a=\left(\frac{99}{p_s}\right)\cdot\left(\frac{T_a}{298}\right)^{0.7} \tag{8-1}$$

$$f_a=\left(\frac{99}{p_s}\right)^{0.7}\cdot\left(\frac{T_a}{298}\right)^{1.5} \tag{8-2}$$

$$p_s=p_B-p_a\cdot R_a \tag{8-3}$$

式中：

f_a——发动机的试验条件参数；

p_s——干大气压力，单位为千帕(kPa)；

T_a——吸入空气的绝对温度，单位为开尔文(K)；

p_B——总压力，单位为千帕(kPa)；

p_a——吸入空气的饱和蒸汽压力，单位为千帕(kPa)；

R_a——吸入空气的相对湿度，单位为百分数(%)。

当 0.93≤f_a≤1.07 时，对发动机系族进行的试验方为有效。建议参数 f_a 在 0.96～1.06 范围内为最佳。

二、 试验用发动机

试验用发动机应具备相关的技术文件、主要零部件制造质量及装配质量的检验结果及合格证书。试验用发动机需带有在实际使用时应具备的全部基本附件。试验前，发动机应进行充分磨合和调整。

三、 试验用燃料

试验用天然气的成分应予分析确定，并按照 GB/T 11062—1998《天然气发热量、密度、相对密度和沃泊指数的计算方法》的要求计算低位发热值。试验用柴油的成分应予分析确定，并按 ISO 8217：2012《石油产品　燃料油(F 级)　船用燃料油规范》计算低位发热值。

四、 测试仪器、仪表与设备

测功器以及扭矩和转速测量设备应符合 CB/T 3254.3—1994 中 2.2 的要求。燃油消耗量的测量按照 CB/T 4147《船用柴油机燃油消耗率测定方法》的规定进行。天然气消耗量应采用质量流量计进行测量，其测量最大偏差应不超过仪器最大读数的 0.5%。

五、 测试项目及方法

发动机天然气使用比例的测试项目如下：

- 发动机功率 P，单位为千瓦(kW)；
- 发动机转速 n，单位为转每分(r/min)；
- 发动机燃油消耗量 B_f，单位为千克每小时(kg/h)；
- 发动机天然气消耗量 B_g，单位为千克每小时(kg/h)；
- 排气温度 T_{92}，单位为开尔文(K)；
- 排气背压 p_{92}，单位为千帕(kPa)；
- 大气压力 p_b，单位为千帕(kPa)；
- 环境温度 T_a，单位为开尔文(K)；
- 相对湿度 R_a，单位为百分数(%)；
- 冷却水温、润滑油温、燃油温度、进气温度等，单位为开尔文(K)。

发动机的测试应按表 8-1 规定的测量循环进行。

表 8-1　发动机测量循环

测量循环模式	项目	测量点							
		1	2	3	4	5	6	7	8
E2 （恒速船用主机，包括柴油机电力驱动和调距桨装置）	转速百分数	100%	100%	100%	100%				
	负荷百分数	100%	75%	50%	25%				
	加权系数 W_F	0.2	0.5	0.15	0.15				
E3 （按推进特性运行的船用主机和辅机）	转速百分数	100%	91%	80%	63%				
	负荷百分数	100%	75%	50%	25%				
	加权系数 W_F	0.2	0.5	0.15	0.15				
D2 （恒速运行的船用辅机）	转速百分数	100%	100%	100%	100%	100%			
	负荷百分数	100%	75%	50%	25%	10%			
	加权系数 W_F	0.05	0.25	0.3	0.3	0.1			
C1 （变速、变负荷运行的船用辅机）	转速百分数	标定转速				中间转速			怠速
	负荷百分数	100%	75%	50%	10%	100%	75%	50%	0%
	加权系数 W_F	0.15	0.15	0.15	0.1	0.1	0.1	0.1	0.15

注：转速百分数系指测量点的发动机转速与该发动机标定转速比值的百分数。
负荷百分数系指测量点的发动机功率与该发动机标定功率比值的百分数。

对于中间转速的定义，在 GB/T 8190.4—2010《往复式内燃机　排放测量　第 4 部分：不同用途发动机的稳态试验循环》中 3.6 给出，即“考虑到扭矩曲线调控的要求，由制造厂标定的转速”，并在该标准的 6.4 作出了详细规定。对用于在全负荷扭矩曲线的某一转速范围内运行的发动机，如标定的最大扭矩转速在 60%和 75%额定转速之间，而试验发动机在标定中间转速时的实测扭矩不小于在 60%和 75%额定转速之间的标定最大扭矩的 96%，则中间转速为标定的最大扭矩转速。如标定的最大扭矩转速低于 60%的标定额定转速，则中间转速为 60%的额定转速；如标定的最大扭矩转速高于 75%的标定额定转速，则中间转速为 75%的额定转速；如在标定中间转速时的实测扭矩小于在 60%和 75%额定转速之间的标定最大扭矩的 96%，则中间转速为实测的最大扭矩转速。对不是在全负荷扭矩曲线的某一转速范围内稳定运行的发动机，中间转速一般在 60%和 70%额定转速之间。

试验前，试验台各设备、仪器、仪表应连接可靠、工作正常。

启动柴油机进行暖机运转，使水温、油温、油压等运转参数达到制造厂规定的范围。

按照规定的试验循环进行连续试验，测量应在柴油机每一工况稳定后进行，每一测量点的转速调整偏差为额定转速的±1%或±3r/min(取大者)(但低怠速除外，低怠速应在制造厂声明的偏差之内)，负荷调整偏差(测量过程平均扭矩与该工况规定扭矩的偏差)为额定转速下扭矩的±2%。实际环境状况与标准环境状况不同时，应按CB/T 3254.2—1994中第8章的要求进行功率校正。

每一测量点至少稳定运转5min后，开始正式测量并记录所有有关参数(转速、功率、扭矩、温度、压力、湿度、燃油消耗量、天然气消耗量等)。每一工况的稳定测量时间应不小于10min。同一工况下的燃油/天然气消耗量应分别测量至少三次，若其中任何一次的测量结果与三次所测数值的算术平均值相差大于±2%，则本次测量结果无效，应重新测量。若每次的测量结果与三次所测数值的算术平均值相差不大于±2%，则认为该算术平均值是该工况下的燃油/天然气消耗量。

六、 测量结果的计算

每台主机每个测量工况点天然气的使用比例按式(8-4)计算，每台辅机每个测量工况点天然气的使用比例按式(8-5)计算。

$$R_{i,r}=\frac{B_{g,i,r}\times H_{g,i}}{(B_{g,i,r}\times H_{g,i}+B_{f,i,r}\times H_{f,i})}\times 100\% \tag{8-4}$$

$$R_{j,t}=\frac{B_{g,j,t}\times H_{g,j}}{(B_{g,j,t}\times H_{g,j}+B_{f,j,t}\times H_{f,j})}\times 100\% \tag{8-5}$$

式中：

$R_{i,r}$——第i台主机第r个测量工况点天然气使用比例；

$B_{g,i,r}$——第i台主机在第r个测量工况点的天然气消耗量，单位为千克每小时(kg/h)；

$H_{g,i}$——第i台主机所使用天然气的低热值，单位为兆焦每千克(MJ/kg)；

$B_{f,i,r}$——第i台主机在第r个测量工况点的燃油消耗量，单位为千克每小时(kg/h)；

$H_{f,i}$——第i台主机所使用燃油的低热值，单位为兆焦每千克(MJ/kg)；

$R_{j,t}$——第j台辅机第t个测量工况点天然气使用比例；

$B_{g,j,t}$——第j台辅机在第t个测量工况点的天然气消耗量，单位为千克每小时(kg/h)；

$H_{g,j}$——第j台辅机所使用天然气的低热值，单位为兆焦每千克(MJ/kg)；

$B_{f,j,t}$——第j台辅机在第t个测量工况点的燃油消耗量，单位为千克每小时(kg/h)；

$H_{f,j}$——第j台辅机所使用燃油的低热值，单位为兆焦每千克(MJ/kg)。

每台主机一次测量循环中天然气的使用比例按式(8-6)计算，每台辅机一次测量循环中天然气的使用比例按式(8-7)计算。

$$R_{ME(i)}=\sum_{p}R_{i,r}\times W_{F,r} \tag{8-6}$$

$$R_{AE(j)} = \sum_{q} R_{j,t} \times W_{F,t} \tag{8-7}$$

式中：

$W_{F,r}$——主机一次测量循环中，第 r 个测量工况点的加权系数，根据表 8-1 选取；

$W_{F,t}$——辅机一次测量循环中，第 t 个测量工况点的加权系数，根据表 8-1 选取；

p——主机一次测量循环中测量工况点总数；

q——辅机一次测量循环中测量工况点总数。

第三节 船舶天然气使用比例计算

一、 客船

客船的天然气使用比例按天然气在主机、辅机和锅炉中的使用量占船舶总能源使用量的比例进行计算，见式(8-8)和式(8-9)。对于客船而言，船舶总能源使用量包括主机、辅机和锅炉的能源消耗量，不含其他设备的能源消耗。这主要是基于如下考虑：①船上能源使用情况复杂，很难有标准的计算方法全部进行统计；②主机、辅机和锅炉的能源使用量占船舶总能源使用量的绝大部分，基本可以代替船舶总能源使用量。

$$R_1 = \sum_{m_1}\left(R_{ME(i)} \times \frac{P_{ME(i)} \times SFC_{ME(i)} \times H_{ME(i)}}{P_{S1}}\right) + \sum_{n}\left(R_{AE(j)} \times \frac{P_{AE(j)} \times SFC_{AE(j)} \times H_{AE(j)}}{P_{S1}}\right) + \sum_{l}\left(C_{BO(k)} \times \frac{FC_{BO(k)} \times H_{BO(k)}}{P_{S1}}\right) \tag{8-8}$$

$$P_{S1} = \sum_{m_1} P_{ME(i)} \times SFC_{ME(i)} \times H_{ME(i)} + \sum_{n} P_{AE(j)} \times SFC_{AE(j)} \times H_{AE(j)} + \sum_{l} FC_{BO(k)} \times H_{BO(k)} \tag{8-9}$$

式中：

R_1——客船天然气使用比例；

m_1——客船主机数量；

$R_{ME(i)}$——第 i 台主机一次测量循环中的天然气使用比例；

$P_{ME(i)}$——第 i 台主机 75%额定功率，单位为千瓦(kW)；

$SFC_{ME(i)}$——第 i 台主机纯燃油模式 75%额定功率下的燃油消耗率，单位为千克每千瓦时(kg/(kW·h))；

$H_{ME(i)}$——第 i 台主机所使用燃油的低热值，单位为兆焦每千克(MJ/kg)；

P_{S1}——客船正常航行时的总能源使用量，单位为兆焦每小时(MJ/h)；

n——客船正常航行时运行的辅机数量；

$R_{AE(j)}$——客船正常航行时第 j 台运行的辅机一次测量循环中的天然气使用比例；

$P_{AE(j)}$——客船正常航行时第 j 台运行的辅机 50%额定功率，单位为千瓦(kW)；

$SFC_{AE(j)}$——客船正常航行时第 j 台运行的辅机纯燃油模式 50%额定功率下的燃油消耗率，单位为千克每千瓦时(kg/kW·h)；

$H_{AE(j)}$——第 j 台运行的辅机所用燃油的低热值，单位为兆焦每千克(MJ/kg)；

l——客船正常航行时在用锅炉数量；

$C_{BO(k)}$——系数，对燃油锅炉，$C_{BO(k)}=0$，对天然气锅炉，$C_{BO(k)}=1.0$；

$FC_{BO(k)}$——第 k 台锅炉的设计燃油/天然气消耗量，单位为千克每小时(kg/h)；

$H_{BO(k)}$——第 k 台锅炉所用燃油/天然气的低热值，单位为兆焦每千克(MJ/kg)。

二、 其他类型船舶

其他类型船舶的天然气使用比例按天然气在主机中的使用量占船舶总能源使用量的比例进行计算，见式(8-10)和式(8-11)。对于其他类型船舶，主机能源消耗量在船舶总能源使用量中占绝大部分，出于简化计算过程考虑，船舶总能源使用量仅包含主机的能源消耗量，没有纳入辅机、锅炉及其他设备的能源消耗。

$$R_2 = \sum_{m_2}\left(R_{ME(i)} \times \frac{P_{ME(i)} \times SFC_{ME(i)} \times H_{ME(i)}}{P_{S2}}\right) \tag{8-10}$$

$$P_{S2} = \sum_{m_2} P_{ME(i)} \times SFC_{ME(i)} \times H_{ME(i)} \tag{8-11}$$

式中：

R_2——其他类型船舶天然气使用比例；

m_2——其他类型船舶主机数量；

P_{S2}——其他类型船舶正常航行时总能源的使用量，单位为兆焦每小时(MJ/h)。

第四节 计算示例

以某内河 3100 吨散货船为例，其推进装置采用双机双桨间接传动型式，采用两台 C6190-1 型天然气/燃油混合燃料主机，主机主要参数见表 8-2。

表 8-2 C6190Z_LCS-1 船用发动机主要参数

型号	型式	缸径/冲程 mm	额定功率 kW	额定转速 r/min	爆压 MPa	燃料
C6190Z_LCS-1	直列、6 缸、4 冲程、增压中冷	190/230	400	1200	12.0	天然气/燃油

一、 台架试验情况

该主机按照 E3 循环进行台架试验的结果见表 8-3。

表 8-3 C6190Z_LCS-1 船用发动机 E3 循环台架试验结果

测量点		1	2	3	4
功率(%)		100	75	50	25
转速(%)		100	91	80	63
纯燃油模式燃油消耗量/(kg/h)		84.0	66.3	44.2	24.4
混合燃料模式	燃油消耗量/(kg/h)	17.2	16.5	9.3	6.8
	天然气消耗量/(kg/h)	82.5	61.9	43.2	21.8

二、 每台主机各测量工况点天然气使用比例计算

天然气低热值取为 49.8MJ/kg，燃油低热值取为 42.5MJ/kg，则：

$$R_{1,1}=R_{2,1}=\frac{B_{g,1,1}\times H_{g,1}}{(B_{g,1,1}\times H_{g,1}+B_{f,1,1}\times H_{f,1})}\times 100\%$$

$$=\frac{82.5\times 49.8}{82.5\times 49.8+17.2\times 42.5}\times 100\%=84.90\%$$

$$R_{1,2}=R_{2,2}=\frac{B_{g,1,2}\times H_{g,1}}{(B_{g,1,2}\times H_{g,1}+B_{f,1,2}\times H_{f,1})}\times 100\%$$

$$=\frac{61.9\times 49.8}{61.9\times 49.8+16.5\times 42.5}\times 100\%=81.47\%$$

$$R_{1,3}=R_{2,3}=\frac{B_{g,1,3}\times H_{g,1}}{(B_{g,1,3}\times H_{g,1}+B_{f,1,3}\times H_{f,1})}\times 100\%$$

$$=\frac{43.2\times 49.8}{43.2\times 49.8+9.3\times 42.5}\times 100\%=84.48\%$$

$$R_{1,4}=R_{2,4}=\frac{B_{g,1,4}\times H_{g,1}}{(B_{g,1,4}\times H_{g,1}+B_{f,1,4}\times H_{f,1})}\times 100\%$$

$$=\frac{21.8\times 49.8}{21.8\times 49.8+6.8\times 42.5}\times 100\%=78.98\%$$

三、每台主机一次测量循环中天然气使用比例计算

$$R_{\mathrm{ME}(1)}=R_{\mathrm{ME}(2)}=\sum_{r=1}^{4}R_{1,r}\times W_{\mathrm{F},r}=84.90\%\times 0.2+81.47\%\times 0.5+84.48\%\times 0.15+78.98\%\times 0.15=82.23\%$$

四、船舶天然气使用比例计算

对于除客船之外的其他类型船舶，船舶总能源使用量仅包括主机的能源消耗量，因此：

$$P_{\mathrm{S2}}=\sum_{i=1}^{2}P_{\mathrm{ME}(i)}\times \mathrm{SFC}_{\mathrm{ME}(i)}\times H_{\mathrm{ME}(i)}=(400\times 75\%)\times\frac{66.3}{400\times 75\%}\times 42.5+(400\times 75\%)\times\frac{66.3}{400\times 75\%}\times 42.5=5635.5\mathrm{MJ/kg}$$

$$R_2=\sum_{i=1}^{2}\left(R_{\mathrm{ME}(i)}\times\frac{P_{\mathrm{ME}(i)}\times \mathrm{SFC}_{\mathrm{ME}(i)}\times H_{\mathrm{ME}(i)}}{P_{\mathrm{S2}}}\right)=82.23\%\times\frac{66.3\times 42.5}{5635.5}+82.23\%\times\frac{66.3\times 42.5}{5635.5}=82.23\%$$

即该船舶天然气使用比例为 82.23%。

附录

内河主要航区级别划分

1. 黑龙江水系

黑龙江-大黑河岛肩部996号标以上为C级航区；自大黑河岛肩部996号标至国境河段为B级航区。

乌苏里江、嫩江、松花江为C级航区。

镜泊湖为C级航区；松花湖、白山湖、红石湖、兴凯湖为B级航区；达赉湖为A级航区。

2. 海河水系

海河、大清河和蓟运河为C级航区。

3. 黄河水系

黄河-喇嘛湾大桥以上为C级航区；自喇嘛湾大桥至河口为B级航区，其中自斜辛庄至河口为J2级航段。

小清河为C级航区。

刘家峡水库为B级航区；龙羊峡水库为A级航区。

4. 淮河水系

淮河-正阳关以上为C级航区；自正阳关至洪泽湖为B级航区。

灌河-响水以上为C级航区；自响水至灌河口为B级航区。

涡河、颖河和茨淮新河为C级航区。

瓦埠湖和女山湖为C级航区；洪泽湖为B级航区。

宿鸭湖水库和鲇鱼山水库为C级航区；梅山水库、响洪甸水库、佛子岭水库、花凉亭水库和龙河口水库为B级航区。

5. 长江水系

金沙江为C级航区，其中自溪落渡至宜宾合江门为J1级航段。

长江-涪陵李渡长江大桥以上为C级航区，其中145m水位①时，自宜宾合江门至涪陵李渡长江大桥为J2级航段，155m水位①时，自宜宾合江门至鱼嘴长江大桥为J2级航段，170m水位①及以上时，自宜宾合江门至重庆马桑溪大桥为J2级航段；自涪陵李渡长江大桥至江阴长江大桥为B级航区；自江阴长江大桥至吴淞口，包括横沙岛以内水域，为A级航区。

岷江为C级航区，其中自乐山至宜宾合江门为J2级航段。

---

① 三峡大坝坝前水位。

赤水河为C级航区，其中自二郎以上为J2级航段。

嘉陵江为C级航区，其中145m和155m水位①时，桐子壕至河口为J2级航段，170m水位①及以上时，自桐子壕至利滩为J2级航段。

乌江为C级航区，其中145m水位①时，网背沱以上为J2级航段，155m水位①时，白马镇以上为J2级航段，170m水位①及以上时，中嘴以上为J2级航段。

大宁河-巫山龙门大桥以上为C级航区，其中145m水位①时，高家坪以上为J1级航段，155m水位①时，石板滩以上为J1级航段，170m水位①及以上时，庙溪以上为J1级航段；自巫山龙门大桥至礁石岩为B级航区。

东溪河为C级航区。

甘井河为C级航区。

合溪河为C级航区。

龙滩河为C级航区。

小江为C级航区。

汤溪河为C级航区。

磨刀溪为C级航区。

长滩河为C级航区。

梅溪河为C级航区。

大溪河为C级航区。

抱龙河为C级航区。

神农溪为C级航区。

青干河为C级航区。

吒溪河为C级航区。

童庄河为C级航区。

香溪河为C级航区。

九畹溪为C级航区。

百岁溪为C级航区。

清江为C级航区。

清水江为C级航区，其中剑河革东以上为J2级航段。

湘江-株洲芦淞大桥以上为C级航区；自株洲芦淞大桥至洞庭湖为B级航区。

资江-益阳资江二桥以上为C级航区；自益阳资江二桥至洞庭湖为B级航区。

沅水-常德德山公铁两用桥以上为C级航区；自常德德山公铁两用桥至洞庭湖为B级航区。

澧水-津市窑坡十仓库码头以上为C级航区；自津市窑坡十仓库码头至洞庭湖为B级航区。

赣江-南昌生米大桥以上为C级航区(其中万安水库为B级航区)；自南昌生米

大桥至鄱阳湖为B级航区。

黄浦江-分水龙王庙以上为C级航区；自分水龙王庙经闵行至吴淞口为B级航区。

汉水、滁河、裕溪河、信江、饶河、修河、抚河、苏州河为C级航区。

红枫湖、菜子湖、泊湖为C级航区；洞庭湖、鄱阳湖、巢湖、太湖、淀山湖、滇池为B级航区。

红口水库、拓溪水库、双牌水库、上犹水库、崇阳青山水库、富水水库为C级航区；丹江口水库、拓林水库、太平湖(陈村水库)为B级航区。

6. 钱塘江水系

兰江-自兰溪至梅城为C级航区。

桐江-自梅城至桐庐为C级航区。

富春江-自桐庐至闻家堰为B级航区。

钱塘江-自闻家堰至赭山为B级航区。

新安江-自新安江大坝至梅城为C级航区。

千岛湖(新安江水库)为B级航区。

7. 京杭运河水系

京杭运河-除南四湖外均为C级航区。

杭甬运河为C级航区。

南四湖(微山、南阳、独山、昭阳)、高邮湖、邵伯湖为B级航区。

8. 珠江水系

红水河-石龙以上为C级航区。

黔江-自石龙至桂平为B级航区。

浔江-自桂平至梧州为B级航区。

西江-自梧州至各口门为B级航区。

东江-石龙以上为C级航区；自石龙至东江口为B级航区。

北江为C级航区。

珠江-自虎门(沙角信号台与万顷沙大冲口连线)至淇澳岛大王角灯标与开州岛灯标连线以内的水域，以及至香港鲤鱼门、澳门距陆岸不超过5km的水域为A级航区。

自磨刀门经洪湾水道至澳门为A级航区。

柳江为C级航区。

郁江-自南宁至桂平为B级航区。

桂江为C级航区。

贺江为C级航区。

北流河为C级航区。

新丰江水库为B级航区。

9. 独自入海主要水系

图们江为C级航区。

鸭绿江-丹东铁桥以上为C级航区，其中自长白至老虎哨为J2级航段；自丹东铁桥至斗流浦为B级航区；自斗流浦至细岛为A级航区。

大辽河-三岔河以上为C级航区；自三岔河至西炮台为B级航区。

甬江-宁波灵桥以上为C级航区；自宁波灵桥至镇海为B级航区。

椒江-临海以上为C级航区；自临海至椒江(海门)为B级航区。

瓯江-温溪以上为C级航区；自温溪经温州至黄华为B级航区。

飞云江-瑞安以上为C级航区；自瑞安至江口为B级航区。

鳌江为C级航区。

闽江-马尾以上为C级航区，其中自水口至南平航段及沙溪、建溪、富屯溪为J2航段；自马尾至闽江口为B级航区。

九龙江-三叉河以上为C级航区；自三叉河至猫江屿为B级航区。

韩江为C级航区。

榕江-自榕城至德州岛为B级航区。

濠江为C级航区。

练江为C级航区。

鉴江-大沙洲以上为C级航区；自大沙洲至河口为B级航区。

南流江为C级航区。

澜沧江-自小橄榄坝至62号界桩为C级航区，并为J2级航段。

瑞丽江为C级航区。

高州水库、鹤地水库、松涛水库为B级航区。